Clemens Bittlinger

Machtworte

Clemens Bittlinger

Machtworte

Was uns bestimmt, ermutigt und befreit

HERDER

FREIBURG · BASEL · WIEN

MIX
Papier aus verantwortungsvollen Quellen
FSC® C014496

www.herder.de

Die Bibelverse wurden, soweit nicht anders angegeben,
folgender Ausgabe entnommen:
Die Bibel. Die Heilige Schrift
des Alten und Neuen Bundes.
Vollständige deutsche Ausgabe

Darüber hinaus wurden einzelne Verse vom Autor frei übersetzt.

Umschlaggestaltung: Verlag Herder
Umschlagmotiv und Illustrationen im Innenteil:
© Khanthachai C / shutterstock
Satz: Carsten Klein, Torgau
Herstellung: GGP Media GmbH, Pößneck

Printed in Germany

ISBN Print 978-3-451-39208-5
ISBN E-Book (EPUB) 978-3-451-82780-8

Inhalt

Vorwort

»Nun sprich doch mal ein Machtwort!«, blafft die entnervte Ehefrau-Hausfrau-Mutter-der-gemeinsamen-Kinder ihren nach Hause kehrenden Ehemann-Versorger-Vater-der-gemeinsamen-Kinder an; denn sie ist mit ihrem Latein am Ende. Sie hat ihren beiden Kindern Josua (9) und Mira (12) gedroht: »Wartet nur, bis euer Vater nach Hause kommt; dann gibt es aber ein Donnerwetter!« Die beiden »hören« einfach nicht, machen, was sie wollen, und tanzen ihrer Mutter auf der Nase herum. Und nun soll der müde und abgespannte Vater »es richten« – mit einem Machtwort. Doch was ist ein Machtwort? Welches Wort, welcher Satz, welcher Ausruf oder Befehl hat die Macht, etwas zu bewirken, besitzt so viel Macht, dass er uns in Bewegung bringt? Beim Militär ist das klar: Da gibt es den Vorgesetzten, und wenn dieser etwas befiehlt, dann muss es umgesetzt werden. Ein Befehl ist ein Machtwort ohne »Wenn und Aber«, und wer als Soldat*in einen Befehl nicht befolgt, muss mit einer drakonischen Strafe, bis hin zum Kriegsgericht, rechnen.

»Wir schaffen das!« war ein sehr einprägsames und wirkungsvolles Machtwort unserer Bundeskanzlerin a. D. angesichts der Flüchtlingskrise. Wirkungsvoll war es aber vor allem deshalb, weil viele Ehrenamtliche sich das zu Herzen genommen und mit angepackt haben. In der Coronapandemie und während der diversen Lockdowns haben sich viele nach einem neuen Merkel-Machtwort gesehnt; aber es kam nicht, und alles wurde zerredet. »Stoppt Putin!« wäre ein wichtiges Machtwort bei seinem barbarischen Angriff auf die Ukraine gewesen. Aber niemand hatte und hat die Macht, dem zerstörerischen Treiben des russischen Autokraten Einhalt zu gebieten. Und schon gleich anhand dieses Beispiels sehen wir: Ein Machtwort ist immer auch ein komplexes Geschehen, und im Fall Putin bestand dieses Einhalt gebietende Wort aus vielen Machtentscheidungen (= Sanktionen), die den Kremlherrscher zur Vernunft bringen sollten.

Unser aller Leben ist geprägt von Machtworten, vielleicht von einem Lebensmotto, das uns helfen kann, Entscheidungen zu fällen und leichter durchs Leben zu kommen. Aber es gibt auch negative Sätze, Worte und Gedanken, wie »Aus dir wird nie was!«, die Macht über uns haben und die sich wie eine dunkle Signatur tief in unseren Lebenslauf eingegraben haben. Man kann sie auch Giftsätze nennen. Und schließlich ist die Bibel, das Wort Gottes, ein Buch voller Machtworte, die vor allem eines wollen: Sie wollen uns befreien von den negativen und zerstörerischen Machtworten dieser Welt. »Gott sprach: Es werde Licht! Und es ward Licht« ist so ein typisches Machtwort der Bibel: ein kreatives, schaffendes Wort, das in sich schon die Veränderung birgt und uns hoffnungsvoll nach vorne schauen lässt. Da ist Licht!

Bestimmende Machtworte

»Ab jetzt: nachhaltig!!!«

Die Welt wartet auf ein Machtwort; sie braucht dringend ein Machtwort. »Ab jetzt: nachhaltig!!!« Das wäre das vielleicht wichtigste Machtwort in unserer Zeit. Als die damals 16-jährige Greta Thunberg sich, von vielen belächelt, mit ihrem Pappschild »Schulstreik fürs Klima« der Öffentlichkeit präsentierte, war das ein Machtwort – oder besser gesagt: ein Machtbild, das um die Welt ging. Es war deshalb ein Machtwort, weil es die weltweite Jugendbewegung »Fridays for future« auslöste.

»Jetzt oder nie!!! Die nächsten 3 Jahre entscheiden, ob wir die Wende noch schaffen!« Wie einen letzten drängenden Hilferuf griff die Presse die Blockbuster-Botschaft des Anfang April 2022 veröffentlichten Berichts des Weltklimarats IPPC zur aktuellen weltweiten Klimalage auf: »Die Zeit zum Handeln ist jetzt! Wir können die Emissionen bis 2030 halbieren.« Der Vorsitzende des Weltklimarats Hoesung Lee sagte wörtlich: »Wir befinden uns an einem Scheideweg.« Und er mahnte mit höchster Dringlichkeit: »Die Entscheidungen, die wir jetzt treffen, können eine lebenswerte Zukunft sichern.« Doch wer könnte dieses »Jetzt oder nie!« durchsetzen; wer wäre in der Lage, solch ein Machtwort zu sprechen? Der chinesische Staatsführer Xi Jinping fällt mir als Erstes ein. Als Generalsekretär der Kommunistischen Partei Chinas sowie als Vorsitzender der Zentralen Militärkommission und als Staatspräsident der Volksrepublik China gilt er aufgrund seiner autokratischen Machtfülle als »Überragender Führer« und aufgrund der Konzentration mehrerer Ämter in seiner Hand als einer der mächtigsten Herrscher der Welt. 2018 ließ er die Amtszeitbegrenzung des Präsidenten aufheben, was ihm eine Amtsführung auf Lebenszeit ermöglicht. Xi Jinping ist der Chef einer expansiven kapitalistischen Diktatur mit ganz klaren nationalistischen Zielen: China als führende Großmacht, die den Rest der Welt mehr und mehr in eine von China abhängige Position führen – oder besser gesagt: treiben möchte. Aufgrund eines ausgeklügelten Überwachungssystems sind die Herrschenden dieses Landes fast perfekt in der Lage, auch unbequeme Maßnahmen für die Bevölkerung im Nu umzusetzen. Die Maßnahmen zur Eindämmung der Pandemie haben dies der Welt eindrücklich vor Augen geführt. Wäre China die Welt, könnte dieser Mann ein Machtwort sprechen, das die Welt rettet. Doch zu welchem Preis? Mit Schaudern stelle man sich vor, die Welt läge tatsächlich in der Hand eines kapitalistisch orientierten Diktators, für den die Achtung der Menschenrechte zweitrangig, Meinungsvielfalt und Pressefreiheit ein Gräuel und jegliche Opposition auszumerzen ist. Wenn wir in abendlicher Runde beisammensitzen und uns fragen, welche Herrschaftsform die Welt retten könnte, so steht immer die Utopie einer selbstlosen Weltregierung, einer weltweiten zentralistisch organisierten Öko-human-Diktatur im Raum. Neulich sagte ein Freund: »Um die Welt zu retten, bräuchten wir die Weltherrschaft altruistischer Aliens, die den kosmologischen Überblick haben und unseren Planeten retten, erhalten und heilen wollen!«

Denn darum geht es: Es geht um die Rettung der Welt. *Was, wenn wir einfach die Welt retten? Handeln in der Klimakrise* (2021) ist der Titel eines Buches von Frank Schätzing. Wie schon in seinem Bestseller *Der Schwarm* (2004) sendet der bekannte Autor wissenschaftlich fundiert und dennoch packend geschrieben einen Weckruf an die Menschheit. Seine Botschaft: Jeder Mensch ist Teil des Geschehens; wir alle sind verantwortlich, und es liegt an uns, dass wir für uns und jene, mit denen wir zusammenleben und -wirken, ein Machtwort sprechen. Ein Machtwort, das nur dann wirkmächtig sein kann, wenn wir tatsächlich anders, nachhaltig und verantwortlich leben und handeln – das Globale verändern im

Lokalen. Ganz klar: Ein Machtwort braucht ein Ziel, einen wichtigen Grund, der jedem und jeder sofort einleuchtet. Die Rettung unseres Planeten ist solch ein Grund. Und somit müsste das Machtwort lauten: »Ab jetzt: nur noch nachhaltig, sonst vernichten wir unsere Lebensgrundlagen!« Doch stellen wir uns vor, eine Partei wie die Grünen würde solch eine Forderung öffentlich stellen: Es gäbe sofort eine hitzige Debatte, die wir uns in unserem Land übrigens nur deshalb (noch) leisten können, weil wir klimatisch in einer moderaten Zone leben, in der die Auswirkungen des Klimawandels noch längst nicht so verheerend sind wie in den Ländern Afrikas, Asiens und der Südsee. Die CDU würde behaupten, dass sie das schon seit vielen Jahren propagiere, aber immer wieder am Widerstand der Lobbyisten – allen voran der Industrie – scheitern würde. Die FDP würde behaupten, dass das eine unternehmerfeindliche Forderung sei, und man müsse dem freien Markt vertrauen; der würde durch Angebot und Nachfrage das Ganze schon regeln. Die AFD würde bestreiten, dass es den Klimawandel überhaupt gibt, und den Grünen vorwerfen, sie würden Hysterie verbreiten. Die SPD würde im Großen und Ganzen zustimmen, aber die Sozialverträglichkeit sämtlicher Maßnahmen einfordern. Alle weiteren Parteien würden sich mal ablehnender mal noch viel radikaler zu diesem Thema äußern.

Zu der Zeit, als Willy Brandt Bundeskanzler war, wurde er in einem innerparteilichen Konflikt einmal gebeten, er solle doch mal ein Machtwort sprechen und richtig »auf den Tisch hauen«. Darauf soll Brandt geantwortet haben: »Das würde noch nicht mal den Tisch interessieren!« Und so hören wir, in einer Zeit, in der wir so dringend ein Machtwort bräuchten, in erster Linie »Ohnmachtsworte« wie »Der Einzelne kann ja sowieso nichts ändern!« oder »Wenn wir in unserem Land versuchen, nachhaltig zu leben und zu handeln, verschaffen wir anderen Ländern einen Marktvorteil!« oder »Diese Welt ist nicht mehr zu retten; genießen wir das ›Hier und Jetzt‹«. Diese Ohnmachtsworte gilt es zu entlarven und mutig, phantasievoll und aufgeweckt einem lutherischen Machtwort zu folgen: »Und wenn morgen die Welt unterginge, würde ich heute noch ein Apfelbäumchen pflanzen!«

Aber nicht nur Staatslenker und Klimaaktivisten verwenden Machtworte. Sie sind allgegenwärtig und werden auch von uns selbst – oft unbewusst – gesprochen. Ob als Eltern, gegenüber Freunden und Kollegen, in der Schule, auf der Bühne oder im Sport. In unterschiedlichen Zusammenhängen und auf unterschiedlichen Ebenen des Alltags verändern wir alle mithilfe von Machtworten unser Zusammenleben und -wirken. Uns die Macht der Worte bewusst zu machen, kann ein erster Schritt sein, den Samen für eine bessere Welt aufgehen zu lassen.

Was für wirkmächtige Worte gibt es? Wo finden wir sie? Welche Worte bauen auf? Welche machen klein oder zerstören sogar? Was schränkt ein, was befreit?

Das Gerücht

»Die Gewalt von Worten kann manchmal schlimmer sein als die von Ohrfeigen und Pistolen.«

(Heinrich Böll, Interview im Oktober 1974)

»Wer hat denn wieder meinen Kassenbon geklaut?«, rief die Bedienung in die Gaststätte hinein. Sie hatte das mehr aus Spaß so salopp formuliert. »Jemand hat, aus Versehen, einen Kassenbon woanders abgelegt«, meinte sie wohl. Doch nun stand der Vorwurf im Raum. Eine andere hatte nur halb hingehört und verbreitete anschließend das Gerücht: Im Landgasthof »Zum Ochsen« wird geklaut. Dieser unbegründete Verdacht, der ja auf einem Missverständnis beruhte, fiel auf die langjährige Mitarbeiterin Petra, und auf einmal stand sie am Pranger. Sie sah sich dem Vorwurf ausgesetzt, sie würde die anderen bestehlen. Nichts davon stimmte, aber das Misstrauen war gesät, und von heute auf morgen kippte das Betriebsklima so sehr, dass Petra nach wenigen Wochen unter Tränen ihren Job aufgeben musste, weil »die Anderen« sie mieden und mobbten. Gerüchte können eine unglaubliche Macht entfalten und menschliche Existenzen zerstören.

Vor einigen Jahren haben wir in unserer Region regelmäßig zu den sogenannten Sternstunden eingeladen. Das waren besondere Gottesdienste mit popmusikalischen Elementen, einer thematisch orientierten Eingangsaktion, einem Anspiel, einer Themenpredigt und einem Aktionsraum, bei dem die Teilnehmenden selbst Gebete formulieren und diese in eine Klagemauer stecken, eine Kerze anzünden oder sich segnen lassen konnten. Einmal hatten wir als Thema »Das jüngste Gerücht«. Frei nach dem Motto: »Früher hatten die Leute Angst vor dem *Jüngsten Gericht*, heute interessieren sie sich nur noch für *das jüngste Gerücht*«, streuten zwei Damen am Eingang zur Begrüßung das Gerücht, ich hätte ein erotisches Verhältnis mit einer verheirateten Frau. Interessant und spannend waren die Reaktionen der Gottesdienstbesucher*innen: Manche waren erschüttert, andere empört und wieder andere nahmen es als (fast) selbstverständlich hin, als hätten sie sich so etwas schon gedacht. Man konnte aber bis hin zur Predigt sehr gut beobachten, wie dieses Gerücht sich in den Köpfen der Leute festgesetzt hatte. Also begann ich meine Predigt mit der Bemerkung, ich wüsste wohl, dass am Eingang ein Gerücht über mich und mein Liebesleben gestreut worden sei, aber dazu wolle ich mich nicht äußern; das sei mir einfach zu blöd! Damit hatte ich natürlich und durchaus beabsichtigt genau das Gegenteil erreicht: Jetzt rumorte es umso mehr in den Köpfen der versammelten Gemeinde. Ein Gerücht, das nicht entkräftet wird, kann eine noch größere Macht entfalten. »Ich weiß nicht, ob Sie es mitbekommen haben«, so fuhr ich dann fort, »aber diese Kirche wurde von einem Bordellbesitzer aufgekauft und soll in den nächsten zwei Jahren zu einem exklusiven Nachtclub umgebaut werden. ›The Church‹ soll das Ganze dann heißen …« Dieses Gerücht nahm mir die Gemeinde dann doch nicht ab, und so predigte ich über die Tatsache, dass die Jünger Jesu die Botschaft von seiner Auferstehung zunächst auch nur für ein Gerücht gehalten hatten, bis ihnen der Auferstandene persönlich begegnet sei.

> *»Der Engel aber sagte zu den Frauen: Fürchtet euch nicht! Ich weiß, ihr sucht Jesus, den Gekreuzigten. Er ist nicht hier; denn er ist auferweckt worden, wie er gesagt hat. Kommt und seht die Stelle, wo er gelegen hat. Dann geht schnell zu seinen Jüngern und sagt ihnen: Er ist von den Toten auferweckt worden. Er geht euch voraus nach Galiläa. Dort werdet ihr ihn sehen. Ich habe es euch gesagt. Da eilten sie weg vom Grab, voll Furcht und großer Freude, und liefen zu seinen Jüngern, um ihnen die Botschaft zu verkünden.*
>
> *Da kam ihnen Jesus entgegen und sagte: Seid gegrüßt! Sie gingen zu ihm, umfassten seine Füße und warfen sich vor ihm nieder. Da sagte Jesus zu ihnen: Fürchtet euch nicht! Geht und sagt meinen Brüdern, sie sollen nach Galiläa gehen; dort werden sie mich sehen.*

Während sie weggingen, kamen einige von der Wache in die Stadt und meldeten den Hohenpriestern alles, was sich zugetragen hatte. Da versammelten sie sich mit den Ältesten, hielten Rat und gaben den Soldaten reichlich Geld mit der Weisung: Erzählt, seine Jünger sind in der Nacht gekommen und haben ihn gestohlen, während wir schliefen. Wenn das dem Statthalter zu Ohren kommt, werden wir ihn beschwichtigen und dafür sorgen, dass ihr nichts zu befürchten habt. Sie aber nahmen das Geld und taten, wie man sie angewiesen hatte.« (Mt 28,5–15)

Die Botschaft von der Auferstehung Jesu sollte von Anfang an und ganz gezielt als Gerücht, als Fake News gebrandmarkt werden. Denn nichts war für die religiösen und politischen Machthaber gefährlicher als eine Hoffnung »über den Tod hinaus« und eine Bewegung, die sich nicht an Macht, Einfluss und Geld, sondern an der Nächsten-, ja sogar an der Feindesliebe orientierte. Und die gerade dadurch in geradezu rasantem Tempo an Einfluss und Macht gewann.

Ich beendete meine Ausführungen dann allerdings mit folgender Abschlussbemerkung: »Ich weiß, dass Sie die ganze Zeit noch auf eine Stellungnahme zu dem am Eingang gestreuten Gerücht, ich hätte eine erotische Beziehung zu einer verheirateten Frau, warten. Es stimmt: Ich habe eine erotische Beziehung zu einer verheirateten Frau. Sie ist auch heute Abend da, und wir sind seit vielen Jahren verheiratet.«

Die Grenzen zwischen Vorverurteilung, Gerücht und Fake News sind mittlerweile fließend. Murat Kurnaz wurde 1982 in Bremen geboren. Er ist in Deutschland aufgewachsen und türkischer Staatsbürger. Er wurde von Januar 2002 bis August 2006 ohne Anklage im Gefangenenlager der Guantanamo Bay Naval Base offensichtlich aufgrund eines Missverständnisses festgehalten. Nach dem Anschlag der Taliban auf das World Trade Center in New York am 11. September 2001 haben die US-Streitkräfte wohl lieber einen Verdächtigen zu viel als zu wenig verhaftet. »Sein Anwalt Bernhard Docke klagte zusammen mit den Anwälten anderer freigelassener Guantánamo-Häftlinge dagegen vor einem US-Bundesgericht. Die zuständige Richterin Joyce Hens Green stellte am 31. Januar 2005 fest, dass Kurnaz' Einstufung als ›ungesetzlicher Kombattant‹ unbegründet und somit seine Inhaftierung rechtswidrig gewesen sei. Die Richterin, die Zugang zu Kurnaz' gesamter Gefangenenakte inklusive der Geheimhaltung unterliegender Informationen hatte, stellte fest, es gebe keine Beweise, dass Kurnaz Verbindungen zu al-Qaida gehabt oder eine besondere Bedrohung der USA dargestellt habe«.[1] Murat Kurnaz verarbeitete diese Zeit in seiner Autobiographie *Fünf Jahre meines Lebens. Ein Bericht aus Guantánamo* (2007). Vorverurteilungen, Fake News und Gerüchte sind Machtworte, die ein ganzes Leben und ganze Familien zerstören können.

Mit rund 3 Millionen verkaufter Exemplare ist der Roman *Die verlorene Ehre der Katharina Blum* das erfolgreichste Prosawerk von Heinrich Böll. Darin wird die von Gerüchten und Vorverurteilungen geprägte Hetzjagd einer Boulevardzeitung geschildert. Die Protagonisten sind die hübsche Haushälterin Katharina Blum und der skrupellose Zeitungsreporter Werner Tötges, der sein Opfer so sehr beschädigt und in die Enge treibt, dass diese ihn schließlich tötet. Der Springerkonzern versuchte die Veröffentlichung dieses Romans zu verhindern, da Parallelen zum journalistischen Gebaren der *Bild-Zeitung* offensichtlich waren und sind. In einer Vorbemerkung erläutert Böll dazu: *»Personen und Handlung dieser Erzählung sind frei erfunden. Sollten sich bei der Schilderung gewisser journalistischer Praktiken Ähnlichkeiten mit den Praktiken der* Bild-Zeitung *ergeben haben, so sind diese Ähnlichkeiten weder beabsichtigt noch zufällig, sondern unvermeidlich.«* In diese Kategorie von systematischer Zerstörung eines Menschen gehört sicherlich auch der »Fall Kachelmann«. Der prominente Wettermoderator sah sich 2010 mit dem Vorwurf einer Ex-Geliebten konfrontiert, er hätte sie vergewaltigt. In einem entsprechenden Strafverfahren wurde er jedoch von diesem Vorwurf freigesprochen. Allerdings hatte die Presse bis zum endgültigen Freispruch dermaßen zu einer vorverurteilenden Hetzjagd gegen den Wetterexperten geblasen, dass sein Ruf irreparabel beschädigt war.

Mit der Wahl von Donald Trump zum US-Präsidenten 2016/17 rückte der Begriff »Fake News« und »alternative Wahrheiten« ins Bewusstsein der Öffentlichkeit. Gleich zu seiner Amtseinführung wurde die Menschenmenge, die sich da versammelt hatte, als die größte in der Geschichte der US-Präsidenten-Einführungen beschrieben. Die Luftaufnahmen zeigten das genaue Gegenteil. Als die Pressesprecherin des Weißen Hauses damit konfrontiert wurde, prägte sie u. a. den Begriff »alternative Wahrheiten«. Fakt ist: Kein US-Präsident hat während seiner Amtszeit mit Hilfe von Fake News und »alternativen Wahrheiten« das öffentliche Klima seines Landes so sehr und nachhaltig vergiftet wie Donald Trump.

Das Urteil

Wenn alle Argumente gehört sind, wenn die Staatanwaltschaft ihren letzten Antrag gestellt hat und die Strafverteidigung ihr letztes Plädoyer gehalten hat, dann ziehen sich die Richter oder die Geschworenen zurück, um ein Urteil zu fällen. Ein

Urteil ist ein Machtwort; denn es entscheidet mit einem Hammerschlag über die Zukunft eines Angeklagten. In einer Welt, in der Egoismus, Habgier und Täuschung leider zu unserem gesellschaftlichen Mit- und Gegeneinander gehören, brauchen wir letzte Instanzen, die über »Recht« und »Unrecht« entscheiden.

Wir brauchen einen Ort, an dem ein Machtwort gesprochen werden kann. »Von dort wird er kommen zu richten die Lebenden und Toten«, beten wir im Apostolischen Glaubensbekenntnis. Der Glaube, dass es eine allerletzte Instanz gibt, vor der jeder Mensch am Tag des Jüngsten Gerichts einmal stehen wird, hat auch, zusammen mit den Zehn Geboten, das deutsche Rechtssystem nachhaltig geprägt. Lange hat man im christlichen Abendland die weltlichen Gerichte als »verlängerten Arm« oder als »irdische Stellvertreter« des großen, abschließenden Jüngsten Gerichts verstanden. Der Glaube, »wir alle müssen einmal offenbar werden vor dem Richterstuhl des Allmächtigen« (auch die Richter!), war und ist bis heute für viele Menschen elementar wichtig und auch tröstlich. Tröstlich angesichts der Gräueltaten, die z. B. durch die Nazis im Dritten Reich an Millionen von Menschen begangen wurden. »Irgendwann werden sich ›diese Schweine‹ verantworten müssen für das, was sie getan haben!«, mag so mancher gehofft und gebetet haben.

In den Nürnberger Prozessen, nach Beendigung des Zweiten Weltkriegs, wurden die Hauptkriegsverbrecher aus den Bereichen Politik, Partei (NS) und Militär für die Planung und Durchführung eines Eroberungskriegs erstmals von den Siegermächten zur Rechenschaft gezogen. Die wichtigsten Anklagepunkte waren der millionenfache Massenmord an der jüdischen Bevölkerung und anderen »unliebsamen Gruppierungen« sowie die Verbrechen an Kriegsgefangenen und an der

Zivilbevölkerung. Angeklagt waren 24 Personen, von denen drei freigesprochen, sieben zu Freiheitsstrafen und zwölf zum Tode verurteilt wurden. Zwei dieser Verfahren wurden ohne Urteil eingestellt.

Im Herbst 1946 wurden die Urteile verkündet. Der Hauptangeklagte, Adolf Hitler, hatte sich kurz vor der Kapitulation der Nazis selbst das Leben genommen.

»Die wahre Klägerin ist die Zivilisation«, sagte der US-Chefankläger Robert Jackson 1945 in Nürnberg. Fünf Monate nach dem Ende des Zweiten Weltkriegs und nach dem Ende der nationalsozialistischen Herrschaft mussten sich Hauptverantwortliche des Regimes vor Gericht verantworten. Das Tribunal gegen die Hauptkriegsverbrecher sollte eine welthistorische Zäsur sein. Doch nach einem spektakulären Auftakt zeigte sich: »Die Rechtsfindung war schwierig.« (Deutschlandfunk/Kultur)

»Nürnberg ist nicht das Ende, sondern der Anfang des neuen Rechtsdenkens in der Welt. … Darin sieht der Neutrale den tieferen Sinn des Prozesses von Nürnberg, der einen ersten Schritt zur Schaffung eines internationalen Strafrechts darstellt, dem alle Regierungen, auch jene der heutigen Sieger, unterworfen sein werden.«[2]

So kommentierte ein Schweizer Korrespondent die Urteilsverkündung im Hauptkriegsverbrecherprozess hoffnungsvoll. Und in der Tat: Am 1. Juli 2002 nahm der Internationale Strafgerichtshof seine Tätigkeit auf und ist seitdem für 123 Staaten (60 % aller Staaten der Erde) zuständig. An dieser Stelle sei ausdrücklich auf die *Charta der Menschenrechte* hingewiesen: Jeder dieser 30 Artikel ist ein Machtwort – allen voran Artikel 1: »Die Würde des Menschen ist unantastbar. Sie ist zu achten und zu schützen.«

»Friedenspalast« heißt das Gebäude des Internationalen Strafgerichtshofs in Den Haag. Mit der Gründung dieses Internationalen Strafgerichtshofs (International Criminal Court – ICC) besteht zum ersten Mal die Hoffnung, dass Schwerstverbrecherinnen und -verbrecher eine Aburteilung wegen individueller Vergehen weltweit fürchten müssen. Dieses Gericht ist die erste ständige Rechtsinstanz, die Einzelpersonen für schwere Menschenrechtsverletzungen wie Völkermord, Verbrechen gegen die Menschlichkeit und Kriegsverbrechen strafrechtlich zur Verantwortung ziehen kann. Es gilt deshalb als eine der bedeutendsten Entwicklungen im Menschenrechtsschutz der letzten 70 Jahre. (Deutsche Gesellschaft für die Vereinten Nationen).

Und bereits am Tag 12 des Angriffskriegs Wladimir Putins gegen die Ukraine wurde, auf Antrag der ukrainischen Regierung, gegen Russland ein internationales Kriegsverbrechertribunal eröffnet mit dem Vorwurf des Genozids und der Kriegsverbrechen am ukrainischen Volk.

In dem 1913 erschienenen Buch *Das Urteil* von Franz Kafka geht es um den jungen Kaufmann Georg Bendemann, der einen Brief an einen Freund in Petersburg geschrieben hat. Die Erzählung beginnt mit einem heiteren Anlass. Der junge, erfolgreiche Bendemann möchte seine Freude über die bevorstehende Verlobung (mit-)teilen. Er besucht seinen alten, bettlägerigen Vater, um ihm von diesem Brief zu erzählen. Jener macht auf Georg einen äußerst hilfsbedürftigen Eindruck. Deshalb nimmt er sich vor, den alten Herrn nach der Hochzeit bei sich aufzunehmen. Als Georg seinen Vater in ein Bett getragen hat, macht dieser ihm jedoch aus heiterem Himmel die schlimmsten Vorwürfe. Verrat an seinem Freund (mit dem der Alte offensichtlich ebenfalls in

Verbindung stand), Schändung des Andenkens an die verstorbene Mutter und Veruntreuung des familiären Geschäftsvermögens muss sich Georg vorwerfen lassen. Der Vater verurteilt den Sohn zum »Tod durch Ertrinken«. Georg nimmt das Urteil an und stürzt sich von einer Brücke in den Fluss. »Liebe Eltern, ich habe euch doch immer geliebt«, sind seine letzten Worte.

So verstörend diese Erzählung sein mag: Sie bedeutete für Franz Kafka den internationalen Durchbruch als anerkannter Schriftsteller. Manche Interpretatoren entdecken in *Das Urteil* eine der ersten literarischen Beschreibungen von Altersdemenz. Wie dem auch sei: Das von seinem alten, geliebten Vater ausgesprochene Todesurteil nimmt der Protagonist der Erzählung so ernst, dass er dessen Vollstreckung selbst und unmittelbar vollzieht.

Viele Menschen verurteilen sich selbst, weil sie in der Vergangenheit etwas getan oder unterlassen haben, das wie ein schwerer Stein auf ihrer Brust liegt. »Das werde und kann ich mir niemals verzeihen!«, entfuhr es einer älteren Dame in einem Trauergespräch. Sie hatte es versäumt, sich mit ihrem schon vor vielen Jahren verstorbenen Vater auszusöhnen. Solche »Eigen-Verurteilungen« können ein ganzes Leben prägen, unter Umständen auch zerstören. Der Lieblingsbibelvers meiner Mutter, die einen Master in Theologie hatte und ausgebildete Psychotherapeutin war, steht im 1. Johannesbrief, Kapitel 3, Vers 20: »Denn wenn das Herz uns auch verurteilt – Gott ist größer als unser Herz und er weiß alles.« Sie hatte oft mit Menschen zu tun, die sich innerlich selbst zerfleischten und die unter einem ungnädigen Gottesbild litten, mit Älteren, aber mitunter auch mit ziemlich jungen Leuten, die mit ihren Schuldgefühlen nicht klarkamen. Sie hatten Angst vor einem ungnädigen und strafenden Gott, sodass sie sich verdammt und verurteilt fühlten. Diese Patienten behutsam, Stück für Stück darauf hinzuweisen und spüren zu lassen, dass die Wesenszüge Gottes nicht von Strafe und Urteil, sondern von Liebe, Vergebung und Barmherzigkeit geprägt sind, war für sie bis ins hohe Alter ein Herzensanliegen.

Die meisten Urteile werden im privaten und ganz persönlichen Bereich gefällt. Die sogenannten »Ehrenmorde«, mit denen eine angebliche Familienehre wiederhergestellt werden soll und muss, fallen mir dazu spontan ein. In manchen arabisch oder türkisch geprägten Großfamilien »dürfen« junge Frauen nicht einfach machen, was sie wollen. Sie stehen unter der Obhut der Männer: des Vaters, eines Onkels oder eines Bruders. Und wenn ein Mädchen versucht, aus diesem »Käfig« auszubrechen und wie eine ganz normale, westlich geprägte Jugendliche zu leben, wird das nicht geduldet. Die meisten Ehrenmorde werden niemals bekannt, weil sie als Unfall oder als Selbsttötung getarnt werden. Manchmal wird eine Frau als vermisst gemeldet, und der Rest der Familie hält still. Die Seite »ehrenmord.de« dokumentiert alle dementsprechenden Vorkommnisse, die in Deutschland bekannt geworden sind. Die Informationen stammen aus den Medien, aus Gerichtsurteilen oder persönlichen Hinweisen.

Eine besondere Form von Selbstverurteilung finden wir im 2. Buch Samuel – im Alten Testament. Der junge König David beobachtete die nackte, bildhübsche Frau seines Hauptmanns Uria beim Baden und verliebt sich in sie. Als König hat er die Macht, sich das zu nehmen, wonach ihn gelüstet. Also lässt er Bathseba, die Frau seines Hauptmanns, zu sich kommen und schläft mit ihr. Daraufhin wird Bathseba schwanger. Ihr Mann Uria dient unterdes seinem Volk an der Front. Der König gewährt seinem Hauptmann Heimaturlaub in der Annahme, dass dieser, voller Sehnsucht nach seiner Frau, die Nacht mit ihr verbringen und natürlich auch mit ihr schlafen würde. Uria kommt zwar nach Hause, verbringt jedoch die Nacht nicht mit Bathseba. »Wie kann ich mich Zuhause in den Armen meiner Geliebten vergnügen, während meine Soldaten kämpfen müssen?!«, ist sein Argument. Daraufhin lädt ihn David zu einem Festmahl ein und macht seinen treuen und pflichtbewussten Offizier betrunken. Doch auch diesmal weigert sich Uria, bei seiner Frau zu übernachten. Die Finte, ihm das in Bathseba heranwachsende Kind glaubhaft unterzuschieben, misslingt. Uria kehrt zurück in den Krieg und damit in den sicheren Tod; denn David gibt dessen Vorgesetzten den Befehl, Uria an vorderster Front so einzusetzen, dass er garantiert umkommt. Und so geschieht es auch. Der treue Hauptmann fällt im Kampf gegen die Ammoniter. Nach einer traditionell angemessenen Trauerzeit holt David die schöne Bathseba zu sich und zeugt mit ihr (noch) ein Kind.

Dann geschieht Folgendes:

»Da sandte der Herr den Propheten Natan zu David. Als der zu ihm kam, sprach er zu David: In einer Stadt lebten zwei Männer, ein reicher und ein armer. Der reiche besaß Schafe und Rinder in großer Zahl. Der arme aber hatte gar nichts als ein einziges Lamm. Das hatte er sich gekauft und aufgezogen. Es war bei ihm und wurde mit seinen Kindern groß. Es aß von seinem Brot und trank aus seinem Becher; es schlief in seinem Schoß und war ihm wie eine Tochter. Da kam ein Wanderer zu dem reichen Mann. Aber der brachte es nicht über sich, eines von

seinen eigenen Schafen oder Rindern zu nehmen, um es für den Gast, der zu ihm gekommen war, herzurichten. Darum nahm er das Lamm des armen Mannes und bereitete es dem Mann zu, der zu ihm gekommen war. Da wurde David sehr zornig über den Mann und sagte zu Natan: So wahr der Herr lebt: Der Mann, der so etwas getan hat, verdient den Tod. Das Lamm soll er vierfach ersetzen dafür, dass er eine solche Tat begangen und keine Schonung geübt hat. Darauf sprach Natan zu David: Du selbst bist der Mann!« (2 Sam 12,1–7)

Davids Unrechtsbewusstsein ist offensichtlich gespalten, und er versteht zunächst nicht, dass er selbst mit dieser Parabel gemeint ist. Voller Empathie versetzt er sich hinein in die Lage des Armen. Er ist angerührt von der Liebe dieses Mannes zu dem Einzigen, was er besitzt und mit dem er alles teilt. Dieses Schäfchen ist sein Ein und Alles. Es ist wie eine Tochter. Das rührt David an, und er ist rührselig ganz vertieft in die Liebe des Armen zu seinem Schäfchen. Er identifiziert sich mit ihm, obwohl er eigentlich auf der Seite der Reichen steht. Aber manchmal ist es wohl so, dass wir uns mit Menschen identifizieren, denen es nicht so gut geht, die weniger haben als wir und die doch scheinbar glücklicher sind als so manche Zeitgenossen, die sehr viel mehr besitzen. Von dieser »Sozialromantik« ist David ganz ergriffen. Umso mehr empört ihn der offensichtlich rücksichtslose Vertreter seiner eigenen Klasse: der Reiche. Dieser zerstört brutal das Glücksidyll des Armen, und das darf nicht sein.

Spontan und ohne groß zu überlegen, verurteilt er den Reichen und damit, ohne es zu merken, sich selbst zum Tode. Umso krasser ist der Moment, in dem ihm der Prophet Natan brutal den Spiegel vorhält und sagt: »Du bist dieser Mann!«

Das bekannteste Urteil in der Bibel wird dem Sohn Davids, dem aufgrund seiner Weisheit zur Legende gewordenen König Salomo, zugeschrieben. Dieser König hatte Gott – angesichts der großen Aufgabe, als König über ein Volk zu herrschen – vor allem um Beistand und Weisheit gebeten, die ihm Gott dann auch schenkte. Ausdruck dieser Weisheit war, dass Salomo regelmäßig Sprechstunden abhielt, in deren Rahmen jeder und jede vor den König treten durfte und sein oder ihr Anliegen vorbringen konnte. So geschah es, dass er sich eines Tages das Anliegen von zwei Prostituierten anhören musste. Beide Frauen lebten im selben Haus, beide waren schwanger, und beide Frauen hatten im Abstand von drei Tagen ein Kind geboren. Nun hatte die eine der beiden ihr Neugeborenes im Schlaf erdrückt. Daraufhin hatte sie das Kind der anderen entwendet und ihr im Schlaf das verstorbene Kind »untergejubelt«. Zeugen gab es keine. Die beiden Frauen waren alleine. Die Mutter, die nun am nächsten Morgen ihr Kind stillen wollte, fand es tot vor. Sie hatte das sofort bemerkt und ihre Kollegin zur Rede gestellt. Doch diese behauptete nun dreist, das lebendige Kind sei ihr Kind und »die andere« hätte halt besser aufpassen müssen. Während man diese Geschichte hört, schwillt einem der Kamm. Vor den Augen und Ohren des Königs streiten die beiden Frauen heftig miteinander: »Mein Kind lebt und dein Kind ist tot!« Wie kann man solch eine Situation lösen – vor allem, wenn es sonst keine Zeugen gab? Heutzutage wäre die Sache ja ganz einfach und mit einem DNA-Test schnell »vom Tisch«. Derartiges war damals nicht möglich. Auch war es bei einem Neugeborenen nicht möglich, bloß aufgrund der äußeren Ähnlichkeit auf die Mutter zu schließen. Salomo musste sich also auf ein untrügliches Kriterium verlassen, und das war für ihn die Liebe der leiblichen Mutter zu ihrem Kind.

Er hatte natürlich eine Vermutung, wem das lebendige Kind gehörte; doch er wollte sichergehen, und deshalb befahl er: »Bringt mir ein Schwert!« Und als das Schwert gebracht wurde, gab er den Befehl: »Teilt das lebendige Kind in zwei Teile und gebt jeder Frau eine Hälfte!« Aus der Betrügerin bricht es nun heraus: »Ja, das ist eine gute Idee, das Kind sei weder dein noch mein!« Doch sie verrät sich selbst damit; denn die wahre Mutter ruft aus einer brennenden mütterlichen Liebe heraus: »Bitte lasst das Kind leben und gebt es der anderen! Tötet es nicht!« Da erkannte Salomo die wahre Mutter und ließ ihr das Kind übergeben. Ähnlich wie bei der Begegnung zwischen dem Propheten Natan und dem König David überführt sich die Übeltäterin bzw. der Übertäter selbst. In solch einem Fall ist ein Urteil ein ganz besonders wirksames Machtwort – eben »salomonisch«!

Solch ein Machtwort, das einem den Spiegel vor Augen hält, finden wir auch im Neuen Testament (Joh 8,1–16):

Die Schriftgelehrten zerren am frühen Morgen eine Frau vor Jesus und stellen sie in die Mitte (in den Mittelpunkt). Sie haben diese Frau »im Ehebruch« – »epi moicheia« heißt es im Urtext; wir würden heute sagen: »in flagranti« – erwischt und sie gewissermaßen aus dem noch warmen Liebeslager auf die Straße gezerrt und hin zu Jesus getrieben. Diese Frau stellen sie in die Mitte – offensichtlich waren in der Zwischenzeit genügend Menschen zusammengekommen, sodass sich ein Kreis um Jesus und diese Frau gebildet hatte. Und sie sprachen zu ihm: »Meister, diese Frau ist auf frischer Tat beim Ehebruch ertappt worden. Mose hat uns im Gesetz vorgeschrieben, solche Frauen zu steinigen. Was sagst du dazu? Das sagten sie, um ihn auf die Probe zu stellen, damit sie eine Anklage gegen ihn hätten.«

Eine Männergesellschaft sieht rot, und Rot ist hier nicht im liturgischen Sinn die Farbe der Liebe, wohl aber des Blutes, die Farbe des Hasses und der Wut – besinnungs- und erbarmungslose Wut –, wie ein totes Tuch, das den Stier zur Raserei treibt. Bebend vor Wut und vor Hass auf diese Frau, aber auch auf den Menschen Jesus von Nazareth, stehen sie vor ihm und stellen ihm eine Falle. Sie haben Jesus umzingelt und mit ihm diese Frau. Sie haben die Steine schon in der Hand, bereit, loszuschlagen und die Frau zu töten. Warum nicht gleich auch diesen Jesus mitsteinigen, sollte er ein freches Wort sagen, sollte er versuchen sich herauszuwinden? Klar ist: Egal, wie sich Jesus entscheiden würde: Er müsste Farbe bekennen und eine Seite enttäuschen. Würde er sagen: »Ja, dann steinigt sie doch!«, dann würde er seiner Botschaft der Liebe und der Vergebung diametral widersprechen. Und würde er sagen: »Ich würde Barmherzigkeit walten lassen, sie und vor allem auch den dazugehörenden Mann (warum wurden und werden immer nur die Frauen angeklagt?) ermahnen und dann freigeben!«, dann würde er sich gegen das mosaische Gesetz stellen.

Eine äußerst gefährliche Situation, sowohl für Jesus als auch und natürlich für die Frau!

»Jesus aber bückte sich und schrieb mit dem Finger auf die Erde.« Jesus durchbricht den Kreislauf von Gewalt und Gegengewalt, indem er sich verletzbar macht – in gebückter Haltung, auf die Erde konzentriert, wäre er ein leichtes Ziel für den ersten und alle weiteren Steine gewesen. Er nimmt den Druck aus der Situation, indem er erst einmal Ruhe einkehren lässt und scheinbar spielerisch, meditativ etwas in den Sand malt …

– Es ist viel darüber spekuliert worden, was Jesus wohl da in den Sand gemalt oder geschrieben hat. Manche Exegetinnen und Exegeten vermuten gar, er hätte die Namen der umherstehenden Ankläger in den Sand geschrieben. Ich glaube das nicht. Ich glaube, Jesus hat einfach den Druck aus der Situation nehmen wollen. Vielleicht hat er auch Zeit gebraucht, die richtigen Worte zu finden. Sicherlich hat er auch gebetet. Andererseits wurde die Spannung dadurch fast bis ins Unerträgliche gesteigert. –

»Das darf doch wohl nicht wahr sein! Sind wir denn hier in der Politik? Will der das Problem vielleicht ›aussitzen‹?« Fast fordernd haken sie nach: »Was ist nun, wie ist deine Meinung? Beziehe endlich Stellung, damit wir diese Frau und vielleicht auch gleich dich mit ihr steinigen können!« (So denken sie vielleicht.)

Jesus wartet noch einen Moment; dann richtet er sich auf und spricht zu ihnen, zu den Männern, d. h. er schaut ihnen in die Augen und sagt: »Wer von euch ohne Sünde ist, der werfe als Erster einen Stein auf sie«, und dann bückt er sich wieder und malt weiter in den Sand.

Eine ungeheure Dramaturgie liegt in dieser Szene. Jesus wirft mit einem einzigen wohlgewählten Satz einen Lichtkegel auf die blinden Flecken der Umherstehenden: »Wer von euch ohne Schuld ist, werfe den ersten Stein!« Für einen kurzen Moment lässt er die Männer in die »Büchse der Pandora« schauen und erschaudern (Pandora, eine griech. Sagengestalt, öffnete aus weiblicher Neugier eine Büchse, in der alle Übel der Welt verschlossen waren. Die Übel verbreiteten sich über die Welt; nur die Hoffnung blieb zurück – daher der Ausdruck »Büchse der Pandora«) und wendet sich dann wieder ab und dem Sandboden zu.

Auch das ein wichtiger und geschickter Schachzug! Jesus gibt den Männern die Chance, ihr Gesicht zu wahren, indem er ihnen eben nicht weiter in die Augen schaut, sondern auf den Boden, sodass sie sich quasi anonym verabschieden können.

Und plopp! plopp! hört man die Steine fallen – im selben Maß, wie »der Groschen fällt« und mit ihm die Erkenntnis wächst: Wir sind ja um keinen Deut besser als diese Frau, die wir gerade hinrichten wollten. Die Wahrheit kommt ans Licht! »Als sie das gehört hatten, gingen sie weg – einer nach dem anderen, von den Ältesten angefangen. Er blieb allein zurück mit der Frau, die in der Mitte stand.« Und Jesus sagt zu ihr: »Wenn sie dich nicht verurteilt haben, werde ich dich auch nicht verurteilen; gehe hin und beginne ein neues Leben!«

Bei einer Studienreise durch die Westtürkei kamen wir u. a. auch in die Stadt Izmir, wo wir eine evangelische Freikirche besuchten. Auf einem wunderschön angelegten Areal mit einer Kirche, einem geräumigen Gemeindehaus und einem parkähnlichen Garten war dieses Kleinod mitten in der Stadt zu finden. Bei einem Gespräch mit dem dortigen Pastor erzählte dieser, dass bei den Moslems, die in den Park und manchmal auch in die Kirche zu Besuch kommen würden, diese Erzählung von Jesus und der Sünderin jeweils auf ganz besonderes Interesse stoßen würde, weil hier die Barmherzigkeit über die Gesetze der Scharia gestellt würde.

Die amtliche Verfügung

»Hiermit erlischt die Fahrerlaubnis!« Das war ein sehr nüchterner und gleichzeitig brutaler Satz. Die 19-jährige Maren[3] hatte in den letzten Wochen des Öfteren mit ihrer Clique »gekifft«, also Haschisch geraucht. Die einen tranken Alkohol, die anderen rauchten eine »lustige Zigarette«. Am nächsten Morgen waren alle wieder fit und konnten zur Schule gehen, studieren oder eben wie im Fall von Maren für die Johanniter »Essen auf Rädern« ausfahren. Dieser Job machte ihr Spaß. Morgens holte sie meistens gemeinsam mit Sven, der schon länger bei den Johannitern als Fahrer tätig war, junge Menschen mit Behinderung zuhause ab und brachte sie in verschiedene Einrichtungen im Landkreis, wo diese zur Schule gehen oder eben in einer Werkstatt der Lebenshilfe den Tag verbringen konnten und sollten. Die anfängliche Befangenheit gegenüber ihren Fahrgästen hatte sich schnell gelegt. Im Grunde waren sie gar nicht so viel anders als sie selbst: Sie lachten gerne, hatten ihre Launen und hörten gerne laut Musik. Es war für sie eine gute Erfahrung und gab ihr nach der »ätzenden Schulzeit« das Gefühl, etwas Gutes und Wichtiges zu leisten. Mittags wurde dann das »Essen auf Rädern« ausgefahren. Das war sehr abwechslungsreich und manchmal auch richtig lustig und anrührend, wie die alten Menschen sich über ihren täglichen Besuch freuten. Viele waren ja einsam, und der Service der Johanniter schien für sie eine überaus willkommene Abwechslung. Oft hätte sie sich gerne mehr Zeit für die Seniorinnen (es waren ja fast nur alte, alleinstehende Frauen) genommen; denn sie spürte, wie einsam und redebedürftig viele von ihnen waren.

Direkt nach dem Abi wollte sie nicht gleich studieren, sondern erstmal zuhause aus- und mit Freunden in einer WG zusammenziehen, um ihr Leben, ohne Bevormundung der Eltern, zu leben und zu genießen. Über einen Bekannten konnten sie in ein altes leerstehendes Haus mitten im Ort ziehen. »Das soll eh abgerissen werden, wenn ihr da wieder raus seid! Bezahlt mir einfach Wasser und Strom; dann könnt ihr da für ein Jahr umsonst wohnen!« Wow, das war großzügig und noch dazu in einem Haus, wo man nicht allzu sehr aufpassen musste, dass nichts kaputt ging – es sollte ja eh abgerissen werden. »Am Hahnenfuß 3« war die Adresse,[4] die sehr schnell zur Topadresse für ausgedehnte Partys und Feten wurde. Das war so ganz nach ihrem Geschmack: Endlich frei sein! Endlich laut die Lieblingsmusik hören! Endlich alles so einrichten und gestalten, wie man es selbst für richtig hielt! Wenn jemand abends Alkohol getrunken hatte, so war der- oder diejenige am nächsten Tag wieder fit – so fit, dass die täglichen Johanniter-Fahrdienste erledigt werden konnten. Bei jemandem, der Marihuana konsumierte, war das auch so – nur mit dem kleinen Nachteil, dass der regelmäßige Konsum viel länger nachweisbar war als bei Alkohol. Das wurde der 19-Jährigen schließlich zum Verhängnis. Bei einer ihrer Ausfahrten wurde sie von einer Polizeistreife angehalten und kontrolliert. Eine weitere Untersuchung ergab, dass sie regelmäßig Haschisch rauchte. Da sie mit ihrem Führerschein noch in der Probezeit war, bedeutete das den Verlust desselben. Nun saß sie, gemeinsam mit ihrem Vater, den sie sich als seelischen Beistand gewünscht und mitgenommen hatte, vor dem zuständigen Beamten der Führerscheinstelle und erwartete bang die Reaktion. Ihr Vater hatte noch versucht, um Verständnis bei dem Beamten zu werben, und dabei ins Feld geführt, dass die Tochter ja nur ab und zu mal etwas geraucht habe. Diese Aussage beantwortete der Beamte nur mit einem bedauernden Kopfschütteln. Der nachgewiesene THC-Wert sei einfach zu hoch gewesen. Deshalb würde Maren nun der Führerschein für fünf Jahre entzogen. »Fünf Jahre, weil jemand Cannabis konsumiert hat?« Dem Vater verschlug es die Sprache. Die Tochter schien wenig überrascht. Anscheinend kannte sie »die Risiken und Nebenwirkungen« ihres Konsums besser als der Papa. »Das erscheint mir, als würde man mit Kanonen auf Spatzen schießen«, entfuhr es ihm. »Ich habe die Gesetze nicht gemacht!«, zuckte der zuständige Mitarbeiter bedauernd die Achseln und sagte an

Maren gewandt: »Bitte übergeben Sie mir Ihren Führerschein und unterschreiben Sie, dass Sie diese amtliche Verfügung erhalten und zur Kenntnis genommen haben!« Auf dieser amtlichen Verfügung stand der lapidare Satz: »Hiermit erlischt die KFZ-Fahrerlaubnis!«. Ein Machtwort mit sofortiger Wirkung: »Das ist eine Verfügung!«, im Amtsdeutsch:

Sie ist das zentrale Instrument im Verwaltungsrecht: Mit der Verfügung übt eine Behörde ihre »hoheitliche« Macht aus, indem sie eine Anordnung in einem konkreten Fall trifft, also etwa eine Bewilligung erteilt, entzieht oder eine Gebühr einzieht.

Lockdown

Ich hätte nie gedacht, dass ich das einmal erleben würde. Die Welt hält den Atem an: Lockdown. Per Gesetz und unter Strafandrohung wurde verfügt, dass die Menschen ab sofort medizinische Schutzmasken oder noch besser FFP2- Masken zu tragen hätten. Das Haus durfte man nur noch in dringenden Fällen zum Einkauf der Lebensmittel und für unaufschiebbare Arztbesuche verlassen; selbst zum Friseur durfte man wochenlang nicht mehr gehen. »Lockdown« ist ein Machtwort, das alles zum Stillstand bringt. Wohl dem Land, das sich solch ein Machtwort leisten und es auch überwiegend durchsetzen kann! »Die Amis kaufen Waffen, die Franzosen Kondome und Rotwein, und die Deutschen horten Klopapier!«, hörte ich jemanden in einem Filmdialog sagen. »Auf nach Frankreich!«, war die humorvolle Antwort. Dieses Runterfahren des öffentlichen Lebens, der Wirtschaft und des kulturellen Lebens stieß natürlich in keinster Weise auf Begeisterung bei den Menschen; aber wir hatten es mit einem offensichtlich gefährlichen, unerforschten, neuen Virus zu tun, an dem man auf einer Intensivstation elendig »verrecken« konnte. Auf einmal hatten die Virologen das Sagen; das RKI, von dessen Existenz man bestenfalls »schon mal was gehört« hatte, rückte auf einmal in den Mittelpunkt der täglichen Nachrichten. Zeitweise hatte ich den Eindruck, unser Land wird von den Virologen in Kooperation mit dem Gesundheitsministerium regiert. Die Querdenkerszene florierte. An einigen Stellen in diesem Buch berichte ich über meine Erfahrungen mit diesem Umfeld. Die Sorgen, Ängste und Nöte dieser Menschen teilte und teile ich jedoch. Schließlich hatte auch ich, mit einigen wenigen Unterbrechungen, fast zwei Jahre »Berufsverbot als konzertierender Künstler«. Aber ich habe wie viele andere darauf vertraut, dass unsere gewählten politischen Vertreter nichts Böses im Schilde führen, sondern dieses Machtwort und -mittel verwenden, um Schaden von uns allen abzuwenden. Wem dieses Vertrauen abhandengekommen ist, wird für die bizarre Querdenkerszene leichter ein offenes Ohr haben.

»Ich sehe meine Rechte nicht beschränkt oder bedroht. Ich sehe mich bedroht durch Rechte und Beschränkte. Lieber glaube ich Wissenschaftlern, die sich auch mal irren, als Irren, die glauben, sie seien Wissenschaftler.«

(Fabian Eisenring)

Der Befehl

Ein Machtwort, das jedem und jeder sofort einleuchtet, ist ein Befehl, den ein*e Soldat*in erhält. Dazu lesen wir im Wehrstrafgesetz: »Ein Befehl [ist] eine Anweisung zu einem bestimmten Verhalten, die ein militärischer Vorgesetzter (§ 1

Abs. 3 des Soldatengesetzes) einem Untergebenen schriftlich, mündlich oder in anderer Weise, allgemein oder für den Einzelfall und mit dem Anspruch auf Gehorsam erteilt« (§ 2 WStG). »Mit dem Anspruch auf Gehorsam« – das ist der springende Punkt. »Gehorsam« – dieses Attribut mögen wir nicht. Wir werden nicht gerne fremdbestimmt. Wir wollen frei entscheiden und über unser Leben selbst bestimmen. Von einem Hund erwarten wir, dass er gehorcht. Ein Hund, der nicht lernt, wer der Boss ist, kann sehr schnell zu einem nervtötenden Tyrannen werden, der losrennt, wenn er stehen bleiben sollte, der sich mit anderen Hunden und Hundebesitzern ständig anlegt, und der viel zu viel bellt. Deshalb tut man gut daran, wenn man sich einen Hund anschaffen möchte, sich erstens nach einem jungen, noch erziehbaren Hund umzuschauen, und zweitens, mit diesem so früh wie möglich eine Hundeschule zu besuchen. Dort wird vor allem eines trainiert: Gehorsam. Ein guter Freund besitzt einen mittelgroßen Hund, der aussieht wie eine Mischung aus Collie und Schäferhund. Diesem Hund wurde sehr früh beigebracht, seinem Herrchen auf Schritt und Tritt zu folgen. Das ist äußerst angenehm, wenn man ihn nicht ständig an die Leine nehmen muss, sondern er auf den Befehl »bei Fuß!« sich ganz eng an seinen »Rudelführer« hält.

Auch in der Erziehung ist es wichtig, dass Kinder lernen, gehorsam zu sein. Eltern, die nicht bereit sind, ihren Kindern klare Grenzen zu ziehen und aufzuzeigen, werden sehr schnell ihr blaues Wunder erleben. Die jugendpsychiatrischen Ambulanzen und Kliniken sind völlig überlaufen mit Familien und Jugendlichen, die nicht frühzeitig gelernt haben, gehorsam zu sein. »Wir wollten unseren Kindern von Anfang an ›auf Augenhöhe‹ begegnen«, hört man dann immer wieder von den ratlosen Eltern. Kleinkinder, Kinder und Jugendliche brauchen aber einen klaren Rahmen. Sie wollen und können den Erwachsenen, schon rein physisch, nicht auf Augenhöhe begegnen. Sie wollen lernen und suchen nach Identifikations- und Reibungsmöglichkeiten. Und dazu gehört in einem gewissen Rahmen auch, dass sie lernen zu gehorchen.

Ein Befehl ist keine Bitte. Wenn ich also meinem zehnjährigen Max sage: »Bitte, mach um 22 Uhr das Licht aus!«, dann wird er das wahrscheinlich nicht tun. Es sei denn, ich hätte ihm im Vorfeld deutlich gemacht, dass diese Bitte durchaus wie ein Befehl zu verstehen ist. Und zum Nichtbefolgen eines Befehls gehört die Konsequenz, im Endeffekt eine Bestrafung. Und damit, das weiß ich aus eigener Erfahrung, tun Eltern, die ihre Kinder ja wirklich lieben, sich unendlich schwer. »Bitte, geh jetzt ins Bett!« Mit dem nötigen Nachdruck gesagt, hört das Kind den Befehl, folgt aber nicht, sondern antwortet (vielleicht): »Ja, ja, ich geh ja gleich; ich will nur eben noch …« Wir haben dann als Eltern nachgeschoben: »Ich zähle bis drei …«, und begannen zu zählen. Die befehlende Bitte erhielt noch einen kleinen Aufschub von maximal zehn Sekunden. Meistens hat das dann funktioniert. Je älter unsere Kinder wurden, desto humorvoller sind sie mit dieser Methode umgegangen. Einmal fragten sie uns: »Was passiert eigentlich bei ›drei‹?« Wir haben uns angeschaut und (innerlich schmunzelnd) geantwortet: »Das werdet ihr dann schon sehn; da ist von ›Fernsehverbot‹ über ›WLAN drosseln‹ vieles möglich!« Ein anderes Mal haben sie uns grinsend angeschaut und den Zählvorgang selbst mit einem einstimmigen »und drei« beendet. Das haben wir dann fast wie einen Vertrauensbeweis aufgenommen – als Hinweis, dass unsere Kinder ja wussten und wissen, dass wir sie lieben. Eine drakonische Strafe war ja nicht zu erwarten, und so nahmen sie das »Fernsehverbot« für einen Tag gelassen kreativ hin.

Wenn ein Vorgesetzter einem Soldaten sagt: »Bitte, reinigen Sie die Toilette!«, wird er dies wahrscheinlich tun, aber vielleicht nicht in dem gewünschten Umfang. Ein zufriedenstellendes Ergebnis bewirkt wohl eher ein Befehl: »Die Toiletten im Trakt XY sind bis 18 Uhr heute blitzblank zu reinigen!« Sicher kann man darüber noch streiten, wie »blitzblank« wohl auszulegen sei; aber klar ist: Ein Befehl muss (für den Befehlenden) zufriedenstellend »erledigt« werden. Denn ein Befehl ist ja nur deshalb ein Machtwort, weil das, was gesagt bzw. befohlen wird, auch umgesetzt, also »gemacht« wird. Allerdings: So schön und treffend das Wortspiel im Deutschen sein mag: Etymologisch gesehen, kommt der Begriff »Macht« eben nicht von »machen«, sondern vom altgermanischen »maht«, was eher so viel wie »vermögen« im Sinne von »können« bedeutete. Manchmal, wenn jemand in unseren Augen etwas Verrücktes tut und wir fragen: »Warum machst du das?«, dann kommt unter Umständen die Antwort: »Weil ich es kann, weil ich es zu tun vermag!« Ich zum Beispiel tauche begeistert und habe vor vielen Jahren meinen »open water pady« gemacht – aus dem ganz einfachen Grund: Ich will die Macht, die Möglichkeit, das Vermögen haben, in die stille Unterwasserwelt bis 25 Meter Tiefe hinabzutauchen. Und wenn mich jemand, der Angst vor dem Tauchen hat, schaudernd fragt: »Warum machst du das?«, so lautet die Antwort: »Weil ich es kann!« Ein vorgesetzter Offizier hat deshalb die Macht, einen Befehl zu geben, weil er es aufgrund seiner Ausbildung kann.

Das Wort »machen« wiederum geht auf eine indogermanische Wurzel »mag« zurück, die erst mal so viel wie »kneten« bedeutete. Bei dem Wort »kneten« fällt mir die alljährliche Weihnachtsbäckerei ein. Damit ein Teig gelingt, müssen wir ihn bearbeiten. Das »machen« bereitet etwas vor: Es ist nicht das Eigentliche, sondern wir »kneten« oder »bearbeiten« etwas, damit anderes gelingen kann – Plätzchen zum Beispiel, die wir aus dem ausgerollten Teig stechen, verzieren und bepinseln und aus denen dann im Backofen unser Weihnachtsgebäck entstehen kann. Das »machen« geschieht in der Regel aus einem höheren Grund, aus dem Wunsch, etwas zu gestalten. Und wenn jemand auch nur die Toilette putzt, weil ihm oder ihr das befohlen wurde, so hat es doch den »höheren Sinn«, dass es sich in einer Gemeinschaft viel besser leben und miteinander aushalten lässt, wenn alles, also auch die Toiletten, sauber und angenehm zu benutzen sind. Das »Kneten« an sich ist nicht besonders kunstvoll. Es muss halt gemacht werden. Eine Töpferin muss den Ton kneten und »schlagen«, damit er die Geschmeidigkeit erhält, die zum Töpfern benötigt wird. Dazu brauche ich Kraft und Ausdauer, und ich muss es einfach machen …

»Herr, ich bin es nicht wert …«
Der Hauptmann von Kafarnaum

»Als er [Jesus] nach Kafarnaum kam, trat ein Hauptmann an ihn heran mit der Bitte: Herr, mein Knecht liegt gelähmt zu Hause und leidet große Qual. Er sprach zu ihm: Soll ich etwa kommen und ihn heilen? Da antwortete der Hauptmann: Herr, ich bin nicht wert, dass du unter mein Dach trittst. Aber sprich nur ein Wort, so ist mein Knecht geheilt. Denn auch ich bin ein Mann, der unter Befehlsgewalt steht, und habe Soldaten unter mir. Sage ich nun zu einem: ›Geh!‹, so geht er, und zu einem andern: ›Komm!‹, so kommt er, und zu meinem Knecht: ›Tu das!‹, so tut er es. Als Jesus das hörte, staunte er und sprach zu denen, die ihm folgten: Amen, ich sage euch: Bei niemand

in Israel habe ich solchen Glauben gefunden. Ich sage euch: Viele werden von Osten und Westen kommen und mit Abraham, Isaak und Jakob im Himmelreich zu Tisch liegen. Die Söhne des Reiches aber werden hinausgestoßen in die Finsternis draußen. Dort wird Heulen und Zähneknirschen sein. Und Jesus sagte zum Hauptmann: Geh, dir soll geschehen, wie du geglaubt hast. Und in derselben Stunde war der Knecht geheilt.« (Matthäus 8,5–13)

Der Hauptmann war römischer Soldat – stationiert mit seiner Einheit in Kafarnaum. Seine Untergebenen waren römische Soldaten. Jesus und alle, die ihm nachfolgten, waren Juden. Die Römer waren Besatzer, die deshalb nicht besonders gerne gesehen waren. Römer waren zudem auch Heiden für die Juden, das heißt: Man hatte mit ihnen möglichst keinen Umgang. Schon gar nicht betrat man das Haus eines solchen Menschen!

Nun kommt dieser heidnische Römer auf Jesus zu. Was für eine Begegnung! Wir spüren heute gar nicht mehr, welche Brisanz in diesem Aufeinandertreffen liegt. »Jesus wird doch wohl nicht mit so einem reden!« Und doch: Jesus geht vollkommen unvoreingenommen auf den Hauptmann zu, hört ihn an, hört sein Flehen, er möge doch seinen Knecht von dessen Qualen erlösen und heilen. Und dann sagt er etwas, das dem ganzen Gespräch eine besondere Bedeutung verleiht: »Ich will zu dir kommen, in dein Haus, und ihn gesund machen.« Damit hat der Befehlshaber nicht gerechnet; ja, man hat geradezu den Eindruck, dass er das auch gar nicht möchte. Er hat, so scheint es, eine geradezu unglaubliche Ehrfurcht vor diesem Jesus, und er sieht in ihm einen »Kollegen«, der über eine ganz andere Armee Befehlsgewalt hat. Er ist ja »nur« ein Hauptmann, und in seiner Vorstellung ist Jesus, in der Hierarchie weit über ihm angesiedelt, ein mächtiger Befehlshaber, General einer unsichtbaren, dämonischen Armee. Es spielt scheinbar keine Rolle, dass Jesus Jude und er ein römischer Heide ist. Das Einzige, was zählt, ist die Überzeugung des Römers, dass Jesus einer Krankheit den Rückzug befehlen kann. Und solch ein Befehl kann – oder besser gesagt: muss – aus der Ferne geschehen! Ein Kaiser oder ein General war doch niemals selbst an vorderster Front, sondern der Befehl zum Rückzug kam immer aus der Ferne. Deshalb sagt er: »Das wäre nun wirklich zu viel verlangt, dass du extra mein Haus aufsuchst. Es schickt sich nicht, dass du großer Befehlshaber mich kleinen Hauptmann zuhause besuchst!« Und in diesem »Ich bin es nicht wert!« steckt sicherlich auch noch eine religiöse, rituelle Ehrfurcht vor dem Heiligen. Wenn ich als Gemeindepfarrer zu einem Taufgespräch oder zu einem Trauergespräch in eine Familie kam, habe ich des Öfteren den Satz gehört: »Ach, wissen Sie, Herr Pfarrer, wir sind ja nicht besonders kirchlich!« Da schwang immer auch ein bisschen der Gedanke mit: »Eigentlich steht uns so eine fromme Zeremonie gar nicht zu; wir haben ja sonst mit Kirche nicht viel am Hut!« In solchen Gesprächen galt es immer, diese Vorbehalte auszuräumen und die vorbehaltlose Liebesbotschaft des Nazareners in den Mittelpunkt zu rücken: Jeder Mensch ist wertvoll, wird von Gott liebevoll angesehen. Diese Ehrfurcht schwingt sicher in dem »Herr, ich bin es nicht wert!« mit – also zum einen die Ehrfurcht vor einem weit höherstehenden Befehlshabenden, zum anderen eine durchaus gesunde religiöse Selbsteinschätzung. Doch dieses eher religiöse Unbehagen kann er wohl nicht so recht in Worte fassen, und so erklärt er Jesus, warum er, schon rein aus strategischen Gründen, es nicht für notwendig hält, dass er sich die Mühe macht, ihn in seiner Behausung aufzusuchen: »Sprich nur ein Wort, so wird mein Knecht gesund!«

Und dann bleibt er in seiner militärischen Welt und wendet sich an den »befehlshabenden Kollegen«: *»Denn auch ich bin ein Mann, der unter Befehlsgewalt steht, und habe Soldaten unter mir. Sage ich nun zu einem: ›Geh!‹, so geht er, und zu einem andern: ›Komm!‹, so kommt er, und zu meinem Knecht: ›Tu das!‹, so tut er es.«* Er weiß, wie ein Befehl zum Rückzug funktioniert. Diese Anordnung kommt von ganz oben. Bei dieser Anordnung ist auch er lediglich Befehlsempfänger, der sie an seine Untergebenen weitergeben muss. Die Untergebenen, die Jesus in seinen Augen unter sich hat, sind die Dämonen und negativen Mächte, die die Lähmung und die großen Schmerzen seines Knechtes auslösen. So einfach und bildhaft stellt er sich die heilsame Wirksamkeit des Mannes aus Nazareth vor. Dabei unterscheidet er zwischen Soldaten und Knechten. Dem Soldaten befiehlt er »Angriff!« und »Rückzug!«.

Als im Februar 2022 die russischen Streitkräfte die Ukraine mehr oder weniger umzingelt hatten, erhöhte die Bundeswehr ihre physische Präsenz in Litauen um nochmals 500 auf insgesamt 900 Soldaten. Es gab einen »Marschbefehl«. In einem Fernsehinterview sagte ein ziemlich junger Leutnant (sinngemäß) in die Kamera: »Wir haben uns hier nun eingefunden und sind bereit, den weiteren Befehlen Folge zu leisten!« Der junge Mann machte auf mich keinen besonders reifen Eindruck, und trotzdem stand er da vor einer bedrohlichen Panzerkulisse und sprach fast euphorisch von einem bevorstehenden kriegerischen Einsatz. Mir lief es kalt den Rücken hinunter. Mit einem Mal erschien das Gespenst eines möglichen Kriegs mitten in Europa am Horizont. Trotz Corona und fortschreitendem Klimawandel, trotz parallel stattfindender Olympiade in Peking hatte es Wladimir Putin durch den massiven Aufmarsch seiner Truppen geschafft, die weltweite Krisendiplomatie in Atem zu halten. Fast täglich gaben sich die Kanzler und die Präsidenten der führenden Industrienationen in Moskau und Kiew die Klinke in die Hand, um den Wahnsinn eines Kriegs noch in letzter Minute zu verhindern. Putin zwang die Nato an den Verhandlungstisch, indem er mit den Säbeln rasselte. Die Waffen sprachen eine ganz eigene machtvolle Sprache. Deshalb fanden die vielen diplomatischen Bemühungen auf höchster Ebene statt, um das schlimmste Machtwort und -geschehen zu verhindern: Krieg!

Es ist schon ein bizarrer Dialog zwischen dem Kriegshandwerker einerseits und dem gewaltlosen Jesus andererseits. Doch gerade von dieser Spannung lebt diese Erzählung, und sie beschreibt sehr nüchtern und klar, wie ein Machtwort funktioniert. Während dem Soldaten befohlen wird, zu gehen (der griechische Urtext kann hier auch mit »marschieren« oder gar »sterben« übersetzt werden), kommt dem Knecht, also dem untergebenen Zivilisten, die Aufgabe der wohltuenden Gestaltung (poiein) zu. Jesus kann also nicht nur den todbringenden Soldaten den Rückzug, sondern auch den heilenden Kräften das wohltuende Handeln befehlen. So könnte man die Unterscheidung des Hauptmanns deuten.

So kann der Hauptmann glauben – ganz praktisch. Er übersetzt die Botschaft und das Handeln Jesu eins zu eins in seine Alltagswelt: Er glaubt. Er glaubt so unmittelbar, dass auch Jesus erstaunt ist: »Solchen Glauben habe ich in Israel nicht gefunden.«

In der Liturgie der katholischen Eucharistiefeier beten wir bei der Einladung zur Kommunion: »Herr, ich bin nicht würdig, dass du eingehst unter mein Dach, aber sprich nur ein Wort, so wird meine Seele gesund.« Das Wort »Knecht« wird also durch das Wort »Seele« ersetzt. Unsere Seele folgt keinem Befehl. Wir müssen sie pflegen und ihr Gutes tun. Und wenn wir miteinander singen, dann tun wir genau das; denn das hebräische Wort für Seele heißt Nefesch, und das bedeutet auch Kehle und Leben. Wenn wir also miteinander singen, allzumal, wenn wir Gott loben, bringen wir die Seele zum Schwingen und tun ihr etwas Gutes. Allerdings fühlt sich dieses liturgische Gebet »Herr, ich bin nicht würdig!« für viele Gläubige nicht so gut an. Zu oft wurde in der Kirche gepredigt und vermittelt: »Du bist nicht würdig!«, und das kann sich in der Seele eines gläubigen Menschen destruktiv verankern. Dazu mehr in dem Kapitel zum Thema »Giftsätze«.

Wenn es nicht deins ist,
nimm es nicht.
Wenn es nicht richtig ist,
tu es nicht.
Wenn es nicht wahr ist,
sag es nicht.
Wenn du es nicht weißt,
sei still.

(Japanische Weisheit)

Krieg

Alles Reden und Verhandeln hatte nichts genutzt. Wie russische Tanzbären hatte Wladimir Putin die Regierungschefs dieser Welt am Nasenring durch die Arena seines ganz eigenen Zirkus geführt, um dann am 24. Februar 2022 das Nachbarland Ukraine zu überfallen. Erinnerungen an den 1. September 1939, als die Nazis unser Nachbarland Polen überfielen, wurden sofort wach. Das, was viele, mich eingeschlossen, für absolut unmöglich hielten, war über Nacht wahr geworden:

Mitten in Europa tobte ein Angriffs- und Eroberungskrieg. »Krieg!« – das ist ein Machtwort; denn es impliziert so vieles von dem, was Leben, Freude, Freiheit und Wohlstand zerstört. Fassungslos verfolgten wir die Bilder der Kriegsberichterstattung: zerstörte Gebäude, Hunderttausende auf der Flucht, leere Regale, weinende Kinder, Mütter und Väter. Wir sahen plötzlich Bilder, von denen wir geglaubt hatten, sie nie wieder in Europa sehen zu müssen, und doch lief nun das Ganze wie ein bizarrer Horrorfilm vor unseren Augen ab: völlig überfüllte Bahnhöfe und Züge und herzzerreißende Abschiedsszenen von Vätern, die sich weinend von ihren Familien trennen mussten; denn sie wurden als Soldaten gebraucht. An andere Bilder hatten wir uns die letzten beiden Jahre gewöhnt: völlig überfüllte Krankenhäuser und überforderte Ärzte – nur dass diesmal nicht die Pandemie, sondern eine ganz andere Seuche die Menschen dahinraffte: der Krieg. »Nun haben wir gerade mal die Pandemie halbwegs überstanden, und nun stehen wir schon wieder vor einem riesigen, von außen kaum lösbaren Problem!«, dachte ich bei mir. Gerade so, als hätten wir mit dem Klimawandel, der Pandemie und den weltweiten Flüchtlingsströmen nicht schon genug Probleme auf dieser Welt – nun also auch noch ein Krieg mitten in Europa! Es ist schon eigenartig, wie dieses »Mitten in Europa« immer wieder betont wurde. Dieser militärische Konflikt macht uns mehr Angst als andere kriegerischen Auseinandersetzungen zuvor. Längst haben wir uns daran gewöhnt, dass da im fernen Syrien seit über einem Jahrzehnt ein grausamer Despot sein eigenes Volk bekämpft und zerstört. Die einst blühende Kultur- und Handelsmetropole Damaskus – in vielen Teilen: zerstört. Aber daran können wir ja nichts ändern. »Das müssen die Syrer schon selber regeln«, so denken wir vielleicht. Fakt ist, dass bei dem Krieg in Syrien viele »Player«, allen voran auch Russland,

»im Spiel« sind mit ihren ganz eigenen wirtschaftlichen und strategischen Interessen. In Syrien, ja, da hätte schon längst mal jemand ein »Machtwort« sprechen müssen. Doch diejenigen, die das sprechen könnten, tun es nicht – aus Machtinteresse. Längst haben wir uns daran gewöhnt, »die Dinge, die wir (scheinbar) nicht ändern können, hinzunehmen« (Reinhold Niebuhr). Das Wort »Krieg« ist auch deshalb ein Machtwort, weil es gleichzeitig ein Machtgeschehen auf vielen Ebenen impliziert. Als Putin seine Truppen rund um die Ukraine konzentrierte und immer deutlicher wurde, dass er Übles im Schilde führt, bauten die westlichen Staaten eine Drohkulisse auf, um den Autokraten davon abzuhalten, die »rote Linie« zu überschreiten. Diese Drohkulisse bestand in erster Linie aus wirtschaftlichen Sanktionen. Eines der größten gemeinschaftlichen Energieprojekte zwischen Deutschland und Russland, »Nordstream 2«, war gerade fertiggestellt worden und stand kurz davor, »ans Netz« zu gehen. Dann wurde hinter dieses (auch für Deutschland) wichtige Projekt ein großes Fragezeichen gesetzt. Auch eine Drohung ist ein Machtwort; sie ist aber nur dann ein Machtwort, wenn der, der sie ausspricht auch die Macht hat, diese Drohung wahr zu machen. Olaf Scholz, der damals frisch gewählte Bundeskanzler, zögerte genau aus diesem Grund lange, diese Drohung konkret auszusprechen. Nur an diesem einen Beispiel der angedrohten wirtschaftlichen Sanktionen zeigt sich, wie kostbar der Frieden ist, und dass sich die EU und unser Land darüber klar werden mussten, dass auch sie diese Sanktionen treffen und etwas kosten würden. Zwar bedeutete das Ende von »Nordstream 2« erhebliche finanzielle Verluste für Russland, aber auch, dass ein großer Engpass bei der Gasversorgung (rund 55 % des Gases) hier bei uns entstehen würde. Während der letzten Verhandlungen mit Putin vor dessen Angriff auf die Ukraine wurden, gewissermaßen vor seinen Augen, umfangreiche Sanktionspakete geschnürt. Der Angriff erfolgte trotz aller diplomatischen Bemühungen am 24. Februar 2022, und die Reaktion der EU griff, in ungekannter Einigkeit, bereits drei Tage später. Die schärfste Waffe des Westens war dabei die Abkoppelung der russischen Finanzwirtschaft von den internationalen Bankgeschäften (SWIFT) – eine Sanktion, die sich bei der russischen Bevölkerung sehr schnell bemerkbar machte. Verwundert rieb sich Wladimir Putin die Augen: »Diese heftigen Wirtschaftssanktionen gleichen einer Kriegserklärung!« Wie ein kleiner Junge, der sich auf einmal wundert, dass die Eltern ihre Drohungen ernst gemeint haben. Nun ist Putin kein kleiner Junge, sondern ein toxischer Führer, der alles zu seinen Gunsten verdreht und uminterpretiert. »Die Wahrheit ist eines der ersten Opfer eines Krieges«, ein Zitat von Senator Hiram Johnson (1914), das hier sehr klar eine weitere Dimension des Machtgeschehens »Krieg« beschreibt. Von Anfang an waren die Desinformation der eigenen Bevölkerung und die Propaganda gegen die Ukraine ein wesentliches Instrument des »Kriegstreibers«. Die demokratisch gewählten Vertreter des Nachbarstaates, allen voran Wolodymyr Selenskyj, der sympathische und charismatische Präsident der Ukraine, wurden als »drogenabhängige Nazis« verunglimpft, die das eigene Land brutal unterdrückten und vor allem im Osten der Ukraine ungeheure Gräueltaten an der Bevölkerung verüben würden. Dieses Feindbild wurde konstruiert, um die »Befreiung« der Ukraine zu rechtfertigen. So darf auch das Wort »Krieg« nicht verwendet werden, sondern nur der Begriff »militärische Spezialoperation«. Für uns Schülerinnen und Schüler eines bayerischen, humanistischen Gymnasiums zählten die *Commentarii de Bello Gallico* im Lateinunterricht zur Basisliteratur. Dort beschreibt der römische Feldherr Gaius

Julius Caesar durchaus selbstgefällig die Komplexität eines Krieges, in diesem Fall des Gallischen Krieges (58 bis 51/50 v. Chr.). Doch um das zu verstehen, muss man keine »alten Schinken wälzen«; es reicht ein Blick in das tragische Tagesgeschehen eines real stattfindenden Kriegs. Während ich diese Zeilen schreibe, befindet sich die Welt am Tag 11 des Ukrainekriegs. Vor zwei Tagen gab es in Hamburg eine große Schülerdemonstration der »Fridays for Future«-Bewegung. Kurzerhand hatten die Akteur*innen und Initiator*innen der Demo vom Thema »Klimawandel« auf das Thema »Stoppt Putin« gewechselt. Das erschien mir dringend, notwendig und absolut glaubwürdig; denn die Jugendlichen gehen ja deshalb auf die Straßen, weil sie begreifen, dass es um ihre Zukunft geht. Und wenn der Befehlshaber einer Atommacht mitten in Europa unverhohlen mit einem Atomschlag droht, so ist das die dringendste und vorrangigste Bedrohung für die Zukunft aller Menschen. Und natürlich ist es klar, dass ein Krieg eine ungeheure Umweltbelastung und Energieverschwendung beinhaltet. Was nützen alle Kohleausstiege und Co_2-Verpflichtungen in Europa, wenn an anderer Stelle die Öllager leerbrennen, Atomkraftwerke angegriffen und Millionen und Abermillionen Liter Dieselkraftstoff einfach in die Umwelt »verblasen« werden? »Die Umweltschäden durch Kriege sind vielfältig. Sie verwüsten oder zerstören Städte und Landschaften; Kampffahrzeuge brennen Waldgebiete nieder. Schadstoffe aus Bomben und anderen Waffen können das Grundwasser verunreinigen und dazu führen, dass es nicht mehr trinkbar ist. Das hat Auswirkungen auf die Landwirtschaft und auf die Nahrungsmittelversorgung der Bevölkerung – auch nach Kriegsende. Die Ukraine, häufig als Kornkammer Europas bezeichnet, umfasst ein Drittel der Ackerfläche der EU. Durch den aktuellen Krieg verteuern sich Weizenpreise, und Agrarprodukte wie Soja oder Sonnenblumenöl werden knapp. Das Welternährungsprogramm der Vereinten Nationen warnt vor schwerwiegenden Folgen des Ukraine-Kriegs für die weltweite Lebensmittelversorgung – insbesondere in Krisengebieten. Dies wiederum könnte die politische Stabilität in diesen Regionen gefährden.«[5] (Institut der Deutschen Wirtschaft). Und auf einmal steigen die Preise: Mit 2,35 Euro für einen Liter Diesel musste ich teilweise meinen Pkw betanken. Die Hamsterkäufe setzten wieder ein: Sonnenblumenöl und Weizenmehl waren »das neue Klopapier« und zeitweise komplett ausverkauft. Und im Sommer 2022 stieg die Inflationsrate auf über 8 %!

Wolodymyr Selenskyj hat anlässlich des brutalen Angriffs von Wladimir Putin auf die Ukraine versucht, via Videoschaltung im Deutschen Bundestag ein Machtwort zu sprechen. Dabei hielt er den deutschen Entscheidungsträgern vor, sie seien viel zu zögerlich und hätten immer nur »Wirtschaft, Wirtschaft, Wirtschaft« in ihren Köpfen.

»In drei Wochen des Krieges für unser Leben, für unsere Freiheit haben wir uns davon überzeugt, was wir zuvor gespürt haben – und was Sie vielleicht nicht alle merken. Sie befinden sich wieder hinter einer Mauer. Nicht hinter der Berliner Mauer, sondern mitten in Europa. Zwischen Freiheit und Unfreiheit. Und diese Mauer wird mit jeder Bombe, die auf unseren Boden fällt – auf die Ukraine –, stärker. Mit jeder Entscheidung, die nicht für den Frieden getroffen wurde; die nicht von Ihnen getroffen wurde, obwohl sie helfen könnte«, so Selenskyj wörtlich, und weiter: *»Wir brauchen Hilfe, auch für Europa. Europa kann nicht überleben und seine Werte bewahren. Ein ehemaliger Schauspieler, ein Präsident der Vereinigten Staaten, Ronald Reagan, hat mal in Berlin gesagt: ›Mister Gorbatschow, tear down this wall!‹ Zerstören Sie diese Mauer! Und das sage ich Ihnen,*

lieber Herr Bundeskanzler Scholz: Zerstören Sie diese Mauer! Geben Sie Deutschland die Führungsrolle, die Deutschland verdient, damit Ihre Nachfahren stolz auf Sie sind! Unterstützen Sie den Frieden, unterstützen Sie die Ukrainer, stoppen Sie diesen Krieg! Helfen Sie uns, diesen Krieg zu stoppen! Es lebe die Ukraine!«[6] Zwar wurde dieses »versuchte Machtwort« mit stehenden Ovationen im »Hohen Haus« bedacht, doch ging man danach einfach zur alltagspolitischen Tagesordnung über, ohne weiter über die aus dieser aufrüttelnden Rede eventuell erwachsenden Konsequenzen öffentlich nachzudenken. Es war im Grunde beschämend …

Boykott

Die Antwort der »Westmächte« auf den brutalen Landnahmekrieg Putins war ein umfassender, nie dagewesener Boykott. Das Wort geht auf Charles Cunningham Boycott zurück, der ein englischer Grundstücksverwalter mit Wohnsitz in Irland war. Die Irish National Land League kämpfte in den 1870er bis 1890er Jahren für die Rechte der Pächter und für Landreformen. Der irische Nationalistenführer Charles Stewart Parnell rief während dieser »Land Wars« seine irischen Landsleute zu einem gewaltlosen Widerstand auf. Dieser bestand darin, dass niemand mehr von Charles Boycott Land pachtete. In ähnlicher Weise unterbrach der Boykott gegen Russland fast alle Handelsbeziehungen und schnitt den Rubel vom internationalen Zahlungsverkehr ab. Fast alle westlichen Firmen – von McDonald's bis VW – zogen sich aus Russland zurück. Die Vermögen der von Putin hofierten Oligarchen wurden eingefroren. Ihre Besitztümer, Villen und Jachten, sofern man ihrer habhaft werden konnte, wurden beschlagnahmt und der Flugverkehr nach Russland komplett eingestellt. Der EU-Luftraum wurde für russische Maschinen komplett gesperrt. Nordstream 2 ging nicht ans Netz. Dies war nur ein Teil der wirklich umfassenden Sanktionen, die vor allem diejenigen trafen, die ja gar nichts dafür können, dass ihr Präsident aufgrund eines sehr eigenwilligen Geschichtsverständnisses sein Land in die Zeit des großen Zarenreichs zurückbomben will. Dieser Boykott war ein Machtwort, das wirkte, aber Putin kaum zum Nachdenken brachte; denn er war ja dabei, gewissermaßen im Alleingang sein eigenes Land in den wirtschaftlichen Ruin zu treiben. Er selbst wurde vor einiger Zeit von dem britischen Investigativjournalisten Luke Harding als einer der reichsten Männer dieser Welt bezeichnet. Als »Kleptokratie« bezeichnete er jene Staatsform, in der die Herrschenden ihre Machtprivilegien zugunsten des eigenen Wohlstands missbrauchen. »Für Putin ist Geld eine Art flüssige Macht«, erklärte Harding. »Und Macht ist letztlich das, was ihn interessiert.«[7] Einige Zeit zuvor hatte der Oppositionsführer Alexey Nawalny einen Film über »Putins Palast« veröffentlicht, einen Prunkbau, der für (umgerechnet) 1,3 Milliarden Euro direkt am Schwarzen Meer errichtet wurde. 39-mal so groß wie das Fürstentum Monaco soll das Areal, auf dem dieser mittlerweile streng bewachte Palast steht, sein. Finanziert wurde das Ganze mutmaßlich von russischen Oligarchen »als Geschenk« an ihren Präsidenten. Das geschmacklos wuchtige Interieur ist wohl »inspiriert« durch die Residenzen der Zarenzeit: überall Gold, Silber und Stuck – und immer wieder ist der zaristische Doppeladler eingearbeitet und abgebildet.

Putins Palast

Putins Haus hat viele Räume,
Gänge, Flure breit und lang;
es ist kalt in diesen Räumen,
weil man sie nicht heizen kann.
Viel zu selten sieht man Gäste
in dem Mauer-Labyrinth,
weil im Grunde echte Gäste
hier gar nicht willkommen sind.

Putins Haus hat viele Räume;
in den meisten haust die Gier,
immer mehr noch zu besitzen
und alles zu kontrolliern.
Kameras und Mikrophone,
offen und versteckt platziert:
spähend, lauschende Spione –
alles wird hier registriert.

Putins Haus hat viele Räume;
Bilder zieren Galerien.
Dort kannst du die Zeit versäumen
und der Wirklichkeit entfliehn.
Dort kannst du die Kunst studieren;
denn der Hausherr kennt die Welt,
ließ Gemälde importieren –
weißgewasch'nes, schwarzes Geld.

Putins Haus hat viele Räume,
Folterkammern ohne Zahl.
In den Palastkatakomben
zeugen Schreie von der Qual.
Du musst nur das Falsche sagen:
Schon führt man dich kurzerhand
in die Zelle untertage
und fixiert dich an der Wand.

Putins Haus hat viele Räume,
und in manchen steht ein Bett.
Dort erwachst du aus den Träumen:
Etwas hat dich aufgeschreckt;
irgendetwas kann nicht stimmen.
Kalt spürst du die Einsamkeit,
und du kannst ihr nicht entrinnen;
durch die Finger rinnt die Zeit.

Putins Haus hat viele Räume.
Doch für Freiheit ist kein Raum;
denn sogar das Freigelände
überwacht ein hoher Zaun.
Freiheit muss man sorgsam pflegen,
doch im Käfig geht sie ein;
denn tatsächlich »nur in Freiheit
kann die Freiheit ›Freiheit‹ sein«.[8]

Traumhafte Machtworte

»Ich liebe Dich!«

»Es lohnt sich festzuhalten die Bilder einer Nacht. Geschichten und Gestalten, die uns Angst gemacht, sind Boten, überbringen mitunter den Hinweis, warum in manchen Dingen das Leben uns entgleist.«

(aus *Bilder der Weihnacht*)

Von Walt Disney ist das Zitat überliefert: »Alle Träume können wahr werden, wenn wir den Mut haben, ihnen zu folgen!« Die berühmteste Rede von Martin Luther King ist geprägt durch den Kernsatz: »I have a dream …« Er träumte von einer Gesellschaft ohne Rassismus, in der Schwarze und Weiße respektvoll und auf Augenhöhe miteinander umgehen und leben. Durch die Wahl von Barak Obama zum ersten schwarzen Präsidenten der USA schien dieser Traum ein Stück weit in Erfüllung gegangen zu sein. Rund eine Viertelmillion Menschen beteiligten sich im Juni 1963 an dem »Marsch nach Washington«. Dort hielt M. L. King seine berühmte Rede. Gegen Ende seiner Ansprache rief ihm die Sängerin Mahalia Jackson zu: »Tell them about your dream, Martin!« – übersetzt: »Erzähl ihnen von deinem Traum, Martin!« Daraufhin legte er sein Manuskript beiseite und formulierte den Schluss frei, indem er mit dem legendären Satz »I have a dream!« begann. Martin Luther King musste den Kampf für seinen Traum wenig später mit dem Leben bezahlen.

Wovon träume ich; was würde ich in meinem Leben gerne noch erreichen? Was ist mein Traum mir wert? »Ich bin reif für die Insel!«, stöhnen wir ja manchmal unisono mit dem Sänger Peter Cornelius und träumen von einem unbeschwerten Leben am Meer und unter Palmen. Der banale Ratschlag »Träume nicht dein Leben, sondern lebe deinen Traum!« ist ja leichter gesagt als getan. Denn wovon träume ich eigentlich? Was würde ich gerne erreichen? Wo möchte ich in fünf Jahren sein? Wie möchte ich dann leben? Manche träumen vom Auswandern. Es gibt zahlreiche TV-Formate, die von der Verwirklichung solcher »Träume« berichten. Sie begleiten Menschen mit der Kamera, die hier alle Zelte abbrechen, um zum Beispiel auf den Kanarischen Inseln oder den Balearen ein neues Leben anzufangen. Viele sind sich dabei nicht bewusst, welche »Kosten« solch ein Schritt in der Regel verursacht. Denn, wenn ich mir bewusst mache, was es mich kosten würde, tatsächlich auszuwandern und ganz anders zu leben, würde ich doch sehr schnell merken, dass ich einen hohen Preis dafür bezahlen müsste. Welche Sicherheiten müsste ich verlassen? Welche Menschen müsste ich enttäuschen? Welche liebgewonnenen Gewohnheiten und Freunde müsste ich aufgeben, um ganz anders zu leben? Und doch ist es schön und gut, wenn wir auf unsere Lebensträume achten und sie nicht ganz *ad acta* legen. Der 23-jährige David hatte gerade mal seinen Bachelor in »Interactive Media Design« abgeschlossen und träumte davon, zusammen mit seinem Freund Tim ein Start-up, das sich auf *augmented reality* spezialisierte, zu gründen. Viele waren skeptisch, und manche rieten davon ab. »Mach doch erst mal noch deinen Master, dann hast du eine bessere Position auf dem Arbeitsmarkt!«, oder: »Am besten wäre es doch, du findest eine gute Anstellung; da bist du abgesichert!«, oder: »Jetzt mach doch noch ein Zusatzstudium in BWL; dann bist du heiß begehrt!« Jeder, der oder die einem solchen Traum folgt, wird solchen inneren und äußeren Hürden standhalten müssen. Als David mich fragte, was ich von der Idee hielte, sagte ich ihm diesen banalen Satz: »Lebe deinen Traum! Wenn du es jetzt nicht machst, wann dann? Und wer weiß, vielleicht werdet ihr ja richtig erfolgreich!« Ich wusste doch aus eigener Erfahrung, dass meine Eltern oft den Kopf geschüttelt haben, wenn ich ihnen begeistert von meinem Traum erzählt habe.

Ich träumte davon, Songs zu schreiben, Konzerte zu geben und eine Langspielplatte zu veröffentlichen. »Mach wenigstens dein Theologiestudium fertig! Dann hast du noch weitere berufliche Optionen!« Diesen Rat habe ich befolgt, und schließlich ist in der beruflichen Kombination von »Pfarrer und Liedermacher« mein Traum mehr als in Erfüllung gegangen. Dass ich auf diesem Weg noch einen eigenen Verlag gründen und auch zahlreiche Bücher veröffentlichen würde, davon wagte ich damals noch nicht zu träumen.

Auch David und Tim folgten ihrem Traum. David rüstete seine Studentenbude zu einem Hightech-Studio um, und sehr schnell bekamen die beiden lukrative Aufträge von namhaften Firmen. Gut zwei Jahre später gründeten sie eine GmbH und holten einen weiteren IT-Fachmann mit ins Boot. Ein Traum ging und geht in Erfüllung! Alles andere ist ja später auch noch möglich …

Und: Jeder Mensch träumt in der Nacht. Meist ist es uns gar nicht bewusst, dass und vor allem was wir geträumt haben. In der Traumforschung ist man sich relativ einig, dass wir in unseren Träumen reale Erlebnisse, Ängste und Wünsche des Tages in der Nacht verarbeiten.

In seinem 1978 erschienenen Buch *Dreams: A Way to Listen to God* (Träume: Eine Möglichkeit, Gott zuzuhören) knüpft der episkopale Pfarrer, Buchautor und Jung'sche Psychotherapeut Morton Kelsey (1919–2001) an die vielfältigen biblischen Traumerfahrungen und -deutungen an. Er hielt die Traumdeutung für den Königsweg, Botschaften aus dem Unbewussten wahrzunehmen und zu deuten. Für die Welt der Bibel ist die Sache ganz klar: In unseren Nachtträumen nehmen wir mitunter Botschaften des liebenden Gottes wahr. Man kann trainieren, diese Träume wahrzunehmen, indem man, sobald man sich an einen Traum erinnert, diesen festhält und aufschreibt. Manchmal sitzen wir am Frühstückstisch und erzählen uns unsere Träume: »Heute Nacht habe ich mal wieder völlig wirres Zeug geträumt!«, und dann kommen wir darüber ins Gespräch, was dieser oder jener Traum bedeuten könnte, und welche Elemente der vergangenen Tage hier plötzlich wieder auftauchen und offensichtlich verarbeitet wurden und werden – eine spannende Möglichkeit, auch dem Unbewussten in mir auf die Spur zu kommen.

»Ich habe heute Nacht geträumt, dass ich in ein Erdbeben geraten bin«, erzählte eine Frau ihrem Mann am Frühstückstisch, »und auf einmal brach ein Gebäude, das ich für absolut verlässlich und stabil hielt, vor meinen Augen in sich zusammen!« Der Mann wurde kreidebleich; denn er hatte sich in eine andere Frau verliebt und war im Begriff, seine bisher glückliche Ehe zu verlassen. Der Traum seiner Frau malte ihm deutlich vor Augen aus, was er dabei aufs Spiel setzte. Schnell wechselte er das Thema, doch das Bild und die Warnung hinterließen einen starken Eindruck. Dieser Traum war für den Mann ein Machtwort; denn er wollte seine Lebensfreundin und Ehefrau auf keinen Fall verletzen und das gemeinsame, stabile Gebäude ihrer Beziehung nicht ins Wanken bringen.

In den Kapiteln 37 bis 50 des Buches Genesis wird die Josefsnovelle erzählt. In dieser Erzählung spielen die Träume des Josef eine ganz besondere Rolle. Es sind prophetische Träume. Sie künden an, was kommen wird. Der 17-jährige Josef wird als Lieblingssohn Jakobs beschrieben. Seine zehn älteren Brüder sind neidisch auf ihn. Als Josef ihnen ganz unbefangen von seinen nachts geträumten Bildern erzählt, die darauf hinauslaufen, dass er, Josef, dereinst ihr Vorgesetzter sein würde, platzt ihnen der Kragen, und der Hass gewinnt die Oberhand:

> *»Als sie ihn von weitem sahen, und bevor er noch in ihre Nähe gekommen war, schmiedeten sie einen Plan gegen ihn, um ihn zu töten. Sie sprachen zueinander: Seht, da kommt der Träumer! Nun aber auf, wir wollen ihn töten und in eine der Zisternen werfen und sagen: Ein wildes Tier hat ihn gefressen. Dann werden wir ja sehen, was aus seinen Träumen wird.« (Gen 37,18–20)*

Man sollte schon darauf achten, mit wem man seine Träume teilt. Nicht jede und jeder erträgt es, wenn jemand begeistert von seinen Träumen erzählt. Vor allem jene ertragen es nicht, die aufgehört haben zu träumen und sich in ihr mehr oder weniger ödes Schicksal fügen. In dem Kinderlied *Mach, was Du am besten kannst* (2010) schreibt die Autorin Ute Rink: »Der dir deine Flügel stutzt, hat oft die eignen nie benutzt, blieb immer nur am Boden und wäre doch so gern geflogen.«

Im Laufe der Geschichte entwickelt sich Josef aufgrund seiner Fähigkeit, nicht nur zu träumen, sondern auch Träume zu deuten, zum Chefberater des Pharao. Eines Tages deutet er einen Traum dieses Herrschers als prophetische Voraussage einer Hungersnot: »Nach sieben fetten Jahren werden sieben magere Jahre kommen« (vgl. Gen 41,29–30), und rät ihm deshalb, Getreidevorräte anzulegen. Das beherzigt dieser und verhindert so eine Katastrophe im Land Ägypten. Diese alte Erzählung gewinnt angesichts des russischen Kriegs gegen die Ukraine plötzlich eine topaktuelle Bedeutung; denn die riesigen Weizenfelder Russlands und der Ukraine decken ein Drittel des weltweiten Bedarfs an Weizen. Und wieder droht den Ländern Afrikas, auch Ägypten, eine Hungersnot. Wenn ein prophetischer Traum ernst genommen wird, kann er ein echtes Machtwort sein.

Bei dem anderen biblischen Josef, in der Weihnachtsgeschichte, haben die Träume – und hier speziell jener Traum, in dem ein Engel des Herrn dem Josef von Nazareth empfiehlt, mitsamt seiner jungen Familie nach Ägypten zu fliehen – eine besondere Bedeutung (Mt 2,13). Die Botschaft lautet: Träume haben die Macht, unser Leben grundlegend zu verändern; sie können Leben retten.

»Gebete und Kerzen«

»Wir waren auf alles vorbereitet, nur nicht auf Kerzen und Gebete!« Dieser Satz eines leitenden Polizeibeamten der damaligen DDR ist einer der »Schlüsselsätze« in dem Film *Nikolaikirche* (1995). Die Friedensgebete in der Nikolaikirche in Leipzig seit Anfang der 1980er Jahre waren der Ausgangspunkt für die »Revolution der Kerzen«, die schließlich im November 1989 den Fall der Mauer bewirkte. »Wir sind das Volk!«, riefen die Menschen damals wie ein Machtwort – eine Aussage, die angesichts von 70.000 Demonstrierenden nicht zu leugnen war. Der leider viel zu früh verstorbene Christian Führer hätte sich im Grab umgedreht, wenn er mitbekommen hätte, wie die Pegida-Demonstranten später diesen Ruf für ihre antidemokratischen Zwecke missbraucht haben. Und noch ein anderer Ruf hielt die etwa 15.000 bereitstehenden Polizisten davon ab, loszuschlagen, ein Ruf, der sowohl für die Demonstrierenden wie auch für die Sicherheitskräfte gedacht war: »Keine Gewalt!« In diesen beiden Machtworten war die Bergpredigt Jesu auf den Punkt gebracht. Und die Menschen haben das nicht nur gedacht oder gerufen, sondern aus der Kirche mit auf die Straße genommen. Das »Wunder von Leipzig« war doch, dass es tatsächlich keine Gewalt gab. Wie leicht hätten ein paar (angeheuerte) Randalierer die Atmosphäre kippen können, und dann hätte der Staat in seiner ganzen Härte zugeschlagen. Die Situation am Abend des 9. Oktober 1989 war lebensgefährlich; man riskierte sein Leben, und in den Krankenhäusern waren die Ärzte bereits angewiesen worden, Bettenkapazitäten freizuhalten für Menschen mit Schussverletzungen. Diese friedliche Revolution der Gewaltlosigkeit im Geist Jesu: ein Wunder biblischen Ausmaßes!

Ein Pfarrer oder ein Mensch, der seinem Herzen folgt und sich vom Glauben leiten lässt, folgt der Frage: »Was würde Jesus sagen? Wie würde Jesus handeln?«, sagte mir Christian Führer mal in einem Gespräch. Es gehe nicht an, dass die Kirche innen anders auftrete als außen; die Bewegung müsse immer »vom Altar auf die Straße« gehen. Denn Beten und Handeln, innen und außen, Altar und Straße gehören zusammen.

Am 9. Oktober 2021 hatten meine Musiker und ich die Ehre, das offizielle Friedensgebet in der Nikolaikirche in Leipzig musikalisch zu begleiten. Bei dieser Andacht begegneten wir Vitali Klitschko, dem Ex-Boxweltmeister und amtierenden Bürgermeister der ukrainischen Hauptstadt Kiew. Es war eine beeindruckende Begegnung, und wir hatten »Backstage« ein wenig Zeit, uns zu unterhalten. Ein Krieg zwischen Russland und der Ukraine schien zu diesem Zeitpunkt völlig undenkbar. Trotzdem war die Atmosphäre sehr angespannt, und Vitali Klitschko war umgeben von Sicherheitspersonal und Personenschutz. Er machte (mit meinem Handy) sogar noch ein Selfie von uns und ihm. Dann legte er seine Faust auf meine und sagte schmunzelnd: »In diesen Zeiten grüßen sich alle mit dem ›Boxergruß!‹«, und dann rief er uns noch zu: »Um zu siegen, musst du kämpfen!« Das war wohl leider fast prophetisch; denn die Klitschko-Brüder hatten ihren wichtigsten Kampf, den Kampf um die Freiheit der Ukraine, noch vor sich. Ihr wohl größter Kampf!

Als die russischen Truppen den Landnahmekrieg in der Ukraine starteten, kamen überall im Land die Menschen zusammen, um Friedensgebete zu veranstalten. Auch in der Frauenkirche in Dresden, die ja schon als Bauwerk ein eindrückliches Mahnmal für Frieden und Auferstehung darstellt, wurde diese Tradition sofort wieder aufgenommen.

»Wenn die Worte schweigen und nur noch die Waffen sprechen, ist das immer eine moralische Niederlage des Menschen. Das Gebet ist keine Flucht aus schwieriger Lage in die Innerlichkeit. Im Gegenteil: Mit wachem Geist und offenen Augen nennen wir im Gebet die schwierigen Dinge beim Namen und bringen sie vor Gott«, erklärt Frauenkirchenpfarrer Markus Engelhardt, Geschäftsführer der Stiftung Frauenkirche. »Händefalten ist das Gegenteil von Die-Hände-in-den-Schoß-Legen. Die Welt ins Gebet nehmen, ist eine eminent politische Tat.«[9]

Auch in meiner Gemeinde, in der ich zu der Zeit Gemeindepfarrer sein durfte, haben wir unser monatliches Friedensgebet in ein wöchentliches umgeplant und jeden Tag um 12 Uhr für zehn Minuten die Glocken geläutet. Der Ursprung unserer Friedensgebete war jedoch ein anderer. An einem Montag Ende Januar 2021 stand ich vor unserem Haus und erlebte, wie eine Demo von etwa einhundert Personen laut krakeelend daran vorbeizog. »Wir sind viele, wir sind laut, weil man uns die Freiheit raubt!« und »Keine Coronadiktatur!« hörte ich sie skandieren. Ich versuchte mit den Vorbeiziehenden ins

Gespräch zu kommen, aber es war nicht möglich. Daraufhin haben wir mit einem kleinen Kreis von Leuten eine »Charme-Offensive« gestartet. Ich ließ Plakate und Flyer drucken mit der Aufschrift »Herzliche Einladung zum Gespräch!«, und weiter: »Ich bin zwar nicht deiner Meinung, aber ich werde alles tun, dass du auch weiterhin deine Meinung vertreten kannst. Deutschland ist ein freies Land!«, und weiter: »Wer in Deutschland von ›Corona-Diktatur‹ spricht, verhöhnt all jene, die tatsächlich in einer Diktatur leben müssen!« Mit diesen Flyern und Plakaten haben wir uns »unters Volk« gemischt und versucht, mit den Anwesenden ins Gespräch zu kommen. Dabei haben wir vor allem eine Erfahrung gemacht: Menschen, die demonstrieren, wollen demonstrieren und nicht diskutieren! Es gab zwar ganz gute Gespräche, auch mit den Verantwortlichen im Hintergrund, aber letztendlich waren die Demonstrationen selbst nicht der richtige Ort für eine konstruktive Auseinandersetzung. Selten wurde ich in meinem Leben von anderen so beschimpft, respektlos behandelt und beleidigt wie von denen, die permanent Respekt für ihre Haltung einfordern. Aus dieser Erfahrung heraus haben wir ab Juni 2021 ein Hoffnungs- und Friedensfenster direkt an der evangelischen Kirche in Mörlenbach errichtet, wo dann auch die monatlichen Friedensgebete parallel zu den »Anti-Corona-Demos« stattfanden. Dieses monatliche Friedensgebet wurde angesichts der Ukraine-Krise aktuell genutzt und umgewandelt in ein wöchentliches Friedensgebet. Zu der Frage, warum wir überhaupt beten, habe ich damals Folgendes veröffentlicht:

Warum versammeln wir uns zum Friedensgebet?

Wir versammeln uns zum Friedensgebet, weil wir ratlos sind, weil wir Angst haben, und weil wir einander bestärken und Mut machen wollen, dass Frieden immer noch und immer wieder möglich ist.

Wir versammeln uns zum Friedensgebet, weil wir nicht wissen, wohin mit unserer Ratlosigkeit und unseren Ängsten. Wir bringen sie vor das Kreuz von Golgatha und beten gemeinsam: »Herr, erbarme dich, schenke du Frieden und gib, dass die Waffen ruhen!«

Wir versammeln uns zum Friedensgebet, weil wir Trost und Halt suchen in einer trostlosen Welt und gefangen sind in haltlosen Umständen, und weil wir spüren: Es tut gut, zusammenzustehen und einander zu trösten und zu bestärken.

Wir versammeln uns zum Friedensgebet, weil wir unsere Solidarität bekunden wollen mit denen, die mit brutaler Gewalt überfallen wurden. Wir wollen bekunden: Wir denken an euch, wir beten für und mit euch: Wir stehen an eurer Seite! Und wir verurteilen diesen barbarischen Akt aufs Tiefste.

Wir versammeln uns zum Friedensgebet, weil wir uns informieren und austauschen wollen und miteinander um die Frage ringen: Wie kann Frieden werden? Was können wir tun – als Einzelne und als Volk?

Wir versammeln uns zum Friedensgebet, weil wir für unsere Regierung beten wollen, dass sie mit Weisheit, Mut und Besonnenheit in dieser Situation reagieren möge.

Wir versammeln uns zum Friedensgebet, weil »ora et labora«, beten und ans Werk gehen, seit jeher zusammengehören: »Bete, als ob alles Bemühen um Frieden nichts nützen würde, und arbeite am Frieden, als ob alles Beten nichts nützen würde!«

Wir versammeln uns zum Friedensgebet, und wir läuten täglich die Glocken, damit wir aufwachen und sehen, dass auch der Frieden und die Freiheit bei uns in Gefahr sind. Die Menschen in der Ukraine verteidigen ihre Freiheit und damit auch unsere Freiheit.

Wir versammeln uns an unserem Ort zum Friedensgebet, weil wir ein Zeichen setzen und deutlich machen wollen: Der Frieden ist von vielen Seiten bedroht. Auch der innere Frieden in unserem Land und der Klimawandel und die Erderwärmung zählen dazu. Es ist ein Weg aus der Ohnmacht und mit unserem Hoffnungs- und Friedensfenster ein permanentes Friedensangebot für alle.

Wir versammeln uns zum Friedensgebet, weil das Gebet Macht hat: Es bündelt unsere Gedanken und weiß um das verborgene Wirken Gottes in dieser Welt. Es macht uns demütig und dankbar für den Frieden in unserem Land und zeigt uns, wo wir helfen können, indem wir spenden, indem wir den Verschwörungserzählungen des Kreml entschieden entgegentreten, wo sie sich breitmachen, und indem wir uns darauf vorbereiten, Flüchtlinge willkommen zu heißen.

»Mut ist Angst, die gebetet hat!« – ein Zitat, das der holländischen Christin und Widerstandsaktivistin im Dritten Reich

Corrie ten Boom zugeschrieben wird. Diese Frau war mutig; denn sie versteckte und versorgte zahlreiche verfolgte Juden zu jener Zeit und riskierte damit ihr Leben und das ihrer Familie. 1944 wurde sie schließlich denunziert und kam in ein Konzentrationslager, wo sie – auch mit Hilfe ihres Glaubens – überleben konnte. Sie hatte eine Bibel mit in das Lager geschmuggelt und stärkte durch regelmäßige Bibelstunden das Durchhaltevermögen ihrer Mitgefangenen. »Die Bibel ist wie eine Bank: Nur geöffnet ist sie einem nützlich!«, soll sie einmal gesagt haben.

Das Klagelied

Im Alten Testament gibt es die ganz eigene Kategorie der Klagelieder. Sie sind insofern Machtworte, weil sie mir einen Raum geben für meinen Schmerz, für meine Trauer. Wenn Jesus in den Seligpreisungen sagt: »Selig sind, die Leid tragen; denn sie sollen getröstet werden!«, dann meint er damit: Zutiefst glücklich kann nur der Mensch genannt werden, der es schafft, auch das Leid und den Schmerz in ein hoffnungsvolles Leben zu integrieren. Richtig zu trauern, ist Arbeit – »Trauerarbeit«. Dabei spielen die Klage und das Klagelied eine wichtige Rolle: Ich lasse den Schmerz zu. Ich beschwere mich bei Gott. Ich lege ihm meine Last auf.

Immer wieder hatte ich die Aufgabe, auch Angehörige von Russlanddeutschen zu beerdigen, und da spielten die Trauer und das Klagelied eine wichtige Rolle. Da wird – auch bei den Männern – tränenreich geweint und lauthals geschluchzt. Die engsten Angehörigen umklammern den Sarg bis zum Schluss. Eine Ehefrau wollte sich gar nicht mehr lösen von dem Sarg, war vor ihm auf die Knie gegangen, hatte ihre Stirn auf den Sargdeckel gelegt und wollte sich laut schluchzend an den Toten klammern. Sie musste, als wir den Sarg absenkten, von ihren Verwandten regelrecht mit Gewalt zurückgezogen werden, damit sie nicht mit ins Grab fiel. »Diese Menschen können noch richtig trauern; sie lassen die Klage zu; sie beklagen sich bei Gott, bei der Welt und vielleicht auch bei dem oder der Verstorbenen: ›Warum lässt du mich alleine? Was soll jetzt hier werden ohne dich?‹«, dachte ich manchmal bei mir.

Wir haben es verlernt, wirklich zu trauern. Doch die Trauer ist ja da. Sie holt uns ein – gerade dann, wenn wir es nicht gebrauchen können. Sie hat, ohne die Klage, weiter mehr Macht über uns, als uns lieb sein kann. Kurt Tucholskys Satz »Stell dir vor es ist Krieg, und keiner geht hin« geht ja weiter mit: »Dann kommt der Krieg zu dir!«. Das könnte man auch auf die Trauer anwenden: »Stell dir vor, eine Freundin oder ein Freund ist gestorben, und du nimmst dir keine Zeit zu trauern, dann kommt die Trauer zu dir!«

Das Dankgebet

Das »Danke«-Sagen haben wir vielfach ebenso verlernt. Dabei ist es so wichtig, dass wir einander wertschätzen. Gerade in einer Ehe ist es wichtig, das zu lernen, dem Anderen immer wieder zu signalisieren: Es ist so gut, dass du da bist. Danke für alles, was du für mich und für uns tust! Ein erfolgreicher Geschäftsmann sagte einmal zu mir: »Auf die Idee, mich zu bedanken, würde ich nicht kommen. Bei wem soll ich mich bedanken? Höchstens bei mir selbst; das habe ich doch alles selbst geschafft und mir erarbeitet.« Darauf antwortete ich ihm: »Alles ist Geschenk: dass du gesund bist, dass du morgens aufstehen kannst, dass du kreativ bist und einen klugen Verstand hast, dass du in einem der reichsten Länder dieser Welt leben darfst, in dem Frieden und Freiheit herrschen, dass du in Deutschland in einer klimatisch halbwegs moderaten Zone lebst, dass du eine Familie hast, ein Haus, ein Auto usw. Dafür könnte man schon mal dankbar sein und es dann auch laut sagen: ›Danke!‹.« Er schaute mich mit großen Augen an und fragte: »Ja und: Bei WEM soll ich mich denn bedanken?« Ich erwiderte: »Bei Gott natürlich, dem Schöpfer und Geber allen Lebens!« »Ich glaube aber doch gar nicht an Gott!« »Dann bedanke dich beim Leben, beim Schicksal, bei deiner Frau, bei deinen Kindern, bei den Nachbarn, beim deutschen Staat!«, antwortete ich schmunzelnd. »Aber noch besser wäre es, du bedankst dich bei einem, den du für dich (noch) nicht verorten kannst, weil er dich so gesegnet hat und deinen Wunsch nach einem glücklichen Leben erfüllt hat, noch bevor du ihn darum bitten konntest. Wer es lernt zu danken, lernt auch, neu zu denken, und begreift dieses Leben als ein wunderbares, kostbares Geschenk.«

Das Wort »Danke« ist ein Machtwort, weil es die Liebe zum Leben ins Spiel bringt und so von innen heraus mein Denken verändert. Der Schauspieler und Buchautor Samuel Koch, der vor vielen Jahren bei der ZDF-Sendung *Wetten dass..?* so sehr verunglückte, dass er seitdem querschnittsgelähmt ist, wurde für viele Menschen zu einem Vorbild, weil er sich seiner Krankheit stellt und versucht, sein Leben positiv und kreativ zu gestalten. Natürlich gibt es dabei immer wieder Rückschläge und depressive Phasen. Bei einer Veranstaltung erzählte er von einer Liste, in der er 30 Dinge aufgeschrieben habe, für die er dankbar sei. In schweren Zeiten würde er diese Liste hervorholen und sich daran innerlich festhalten. Dankbarkeit hat eine große, positive Macht!

Manche Not
kommt aus dem Vergleich.
Allzu leicht vergess' ich:
Im Grunde bin ich reich,
hab Menschen, die mich mögen
und überm Kopf ein Dach.
Doch spür ich beim Vergleichen,
wie der Neid erwacht.

Die Bitte als Gebet

Als die Jünger Jesu ihn einmal fragten: »Wie sollen wir beten?«, brachte er ihnen das »Vaterunser« bei. Dieses Gebet ist eine einzige große Bitte; denn es besteht aus sieben Bittgebeten, einer Selbstverpflichtung und einem abschließenden Segenswort. Jesus eröffnet den persönlichen Kontakt zum Schöpfer des Universums, indem er uns ermutigt, diese unglaubliche Macht mit »Vater« anzusprechen. Im Johannes-Evangelium wird er zitiert mit dem Satz: *»Ich bin der Weg und die Wahrheit und das Leben. Niemand kommt zum Vater außer durch mich!«* (Joh 14,6) D.h. unter allen spirituellen Wegen und weltweiten Religionen ist Jesus derjenige, der den Weg zum Vater eröffnet. Nun ist das für manche kein schöner Gedanke, denn sie hatten oder haben einen schlechten Vater, und so ein böses Vater-Erleben kann wie Gift unser Leben verderben. Doch wenn Jesus seinen Jüngern das »Vaterunser« beibringt, dann hat er den grenzenlos liebenden Vater im Blick, wie er ihn uns zum Beispiel in der Erzählung von den beiden Söhnen (Lk 15,11–32, auch bekannt als »der verlorene Sohn«) vorstellt.

1. Bitte: *Vater unser im Himmel, geheiligt werde dein Name!*

Die Bitte, dass wir Menschen nicht vergessen, dass Gott heilig ist, und dass wir ihm mit Ehrfurcht und Achtung begegnen. Durch die Tatsache, dass der Schöpfer des Himmels und der Erde uns durch Jesus gewissermaßen »von Mensch zu Mensch« begegnet, vergessen wir vielleicht manchmal, dass Gott »der ganz Andere« (Karl Barth) ist, und dass wir verlernt haben, zu verstehen, was »heilig« eigentlich bedeutet. In dem Wort »heilig« steckt auch das Wort »Heil«. Im Heiligen begegnet uns das ganz Heile, das Ganzheitliche. Danach strecken wir uns aus am Anfang dieses Gebets, und dadurch wird es zum Machtwort; denn wir anerkennen das Heilige und das Heilende, das uns in Gott, unserem Vater, begegnet. Alle jene, die sich versammeln, um dieses Gebet zu beten, nennt man die »Gemeinschaft der Heiligen« (vgl. Apostolisches Glaubensbekenntnis, 3. Artikel).

2. Bitte: *Dein Reich komme!*

Die Jüngerinnen und Jünger Jesu lebten in der sogenannten Naherwartung, d. h. sie rechneten damit, dass Jesus bald wiederkommen und den Frieden auf Erden gestalten würde. Von dieser Naherwartung und dem sehnsüchtigen wie ungeduldigen Ruf »Maranatha« (»Unser Herr komme (bald)!«) ist diese zweite Bitte einerseits geprägt. Andererseits wussten die Jüngerinnen und Jünger von Jesus, dass das Reich Gottes mitten unter ihnen dort schon angebrochen war, wo sich die Menschen, die später dann auch Christen genannt wurden, an der Liebe, am Frieden und an der Gerechtigkeit orientierten und so das Wesen der Urgemeinde prägten. Jesus wurde einmal gefragt: Wo ist denn das Reich Gottes? Darauf antwortete er: *»Das Reich Gottes kommt* *nicht so, dass man es berechnen könnte. Auch kann man nicht sagen: Seht, hier! oder: Dort! Denn das Reich Gottes ist (schon) mitten unter euch.«* (Lk 17,20 f.) Wenn wir also beten *»Dein Reich komme!«*, bitten wir eigentlich ursprünglich um dreierlei: 1. Jesus, bitte komme bald wieder und verwirkliche dein großes Friedensreich! 2. Verändere mich von innen heraus; lass deine Liebe, deinen Frieden und deinen Gerechtigkeitssinn mehr und mehr Raum in meinem Leben gewinnen! 3. Lass dieses unsichtbare Reich in der Gemeinde, in der »Gemeinschaft der Heiligen«, so sichtbar und spürbar werden, dass es diese Welt verändert!

3. Bitte: *Dein Wille geschehe wie im Himmel so auf Erden!*

Diese dritte Bitte verstärkt noch einmal die zweite Bitte, geht aber dann weit über sie hinaus. Denn es ist der Wille Gottes, dass allen Menschen geholfen werde (vgl. 1.Tim 2,4). Dass dieser Wille Gottes in den himmlischen Sphären, also in dem für uns unsichtbar im Kosmos und damit auch auf der Erde existierenden spirituellen Bereich, uneingeschränkt gilt, davon ist auszugehen. Die dritte Bitte streckt sich danach aus, dass dieser Wille zum Guten, zur positiven Gestaltung nun auch mehr und mehr im sichtbaren Bereich erkennbar und erlebbar werde. Dieser gute und heilsame Wille Gottes wird überall dort zum Machtwort, wo Menschen sich berufen fühlen, zu helfen, zu pflegen und zu heilen. Das gesamte diakonische Engagement basiert im Grunde auf den beiden Bitten *»Dein Reich komme, dein Wille geschehe wie im Himmel so auf Erden«*, und es war das herausragende Kennzeichen und auch die Anziehungskraft der urchristlichen Gemeinde, dass sie Gütergemeinschaft untereinander hatten und sich um die Armen und Kranken, um die Witwen und Waisen (Jak 1,27) gekümmert haben.

4. Bitte: *Unser tägliches Brot gib uns heute!*

Mit dem siebenarmigen Leuchter, der jüdischen Menora, könnte man die Anordnung der sieben Bitten im Vaterunser vergleichen. Der mittlere Arm wäre dann das Gebet um das tägliche Brot. Wir haben es verlernt zu verstehen, wie elementar diese Bitte um Brot ist und sein kann. Wir haben uns daran gewöhnt, dass es immer genug zu essen gibt, ja dass wir in unserem Land viel zu viele Lebensmittel haben und regelmäßig Nahrung vernichten. Durch die Ukraine-Krise drang auf einmal und ganz neu ins Bewusstsein der Öffentlichkeit, dass Russland und die Ukraine gewissermaßen die Weizen- und Kornkammern dieser Welt sind. Vor allem den Ländern Afrikas droht eine Hungersnot, wenn die Versorgung mit Weizen nicht mehr gewährleistet ist. In Ägypten z. B. zählt das Brot zu den Grundnahrungsmitteln. Dort nennt man es »Aisch«, und »Aisch« übersetzt man ins Deutsche mit »Leben«. Als »Kornkammer Roms« bezeichneten zu Zeiten der römischen Vorherrschaft die Römer das Land Ägypten. Bis heute löst der Streit um die Brotpreise Staatskrisen in diesem Land aus. Organisationen wie »Brot für die Welt« machen uns bis heute deutlich: »Brot« steht für »Leben« und für alles, was mit unserer menschlichen Existenz zu tun hat. Wenn wir also um unser tägliches Brot bitten, dann machen wir uns klar: »Vieles, was wir für selbstverständlich halten, ist bei Leibe nicht selbstverständlich!« Diese Bitte führt uns in die Dankbarkeit für das, was wir haben. In manchen Familien wird bis heute noch ein Tischgebet gesprochen, zum Beispiel: »Für Speis und Trank, fürs täglich Brot, wir danken dir o Gott!« Ich muss gestehen, dass wir in unserer Familie nur noch bei ganz besonderen Anlässen ein Tischgebet sprechen. Wenn wir zu Konzerten unterwegs sind und wir mit unseren Gastgebern zu Tisch sitzen, dann gibt es manchmal noch so einen zögerlichen Moment, verbunden mit der Frage: »Betest du vor dem Essen?« Darauf antworte ich meistens: »Ich esse mit dankbarem Herzen!« – Und das »täglich« signalisiert natürlich noch eine permanente Abhängigkeit vom Gebenden, also von Gott. Glauben heißt, mit Gott in Kontakt sein und mit seiner Gegenwart rechnen: stündlich, täglich, immer, gewissermaßen »von der Hand in den Mund«.

5. Bitte: *Und vergib uns unsere Schuld, wie auch wir vergeben unseren Schuldigern!*

Diese Bitte ist ein besonders starkes Machtwort, weil sie an eine Selbstverpflichtung gekoppelt ist. Jesus betont diese Bitte ganz besonders, wenn er sie folgendermaßen kommentiert: *»Wenn ihr nämlich den Menschen ihre Verfehlungen vergebt, wird euer himmlischer Vater auch euch vergeben. Wenn ihr aber den Menschen nicht vergebt, dann wird euer Vater auch eure Verfehlungen nicht vergeben.«* (Mt 6,14 f.) Wenn wir also diese fünfte Bitte gemeinsam mit anderen am Sonntag beten, dann nehmen wir uns selbst »ins Gebet« und behaupten, wir würden anderen vergeben. Das sollten wir dann auch tun. Ohne Vergebung können wir nicht leben.

6. Bitte: *Und führe uns nicht in Versuchung!*

Über diese Bitte wird und wurde viel debattiert. Manche haben sie umformuliert in *»Und führe uns in der Versuchung«*; denn sie passt nicht in ihr Gottesbild von einem liebenden Gott. Fakt ist jedoch, dass Gott uns an etlichen Stellen in der

Tora und in der Bibel als ein uns fremder, grausamer Gott erscheint, der die Menschen sehr wohl versucht und austestet. Gott beschließt, fast die gesamte Schöpfung und vor allem den Menschen zu vernichten, und beauftragt Noah mit dem Bau der Arche. Schließlich ertränkt er alles Leben (bis auf die Arche-Insassen) in einer Sintflut. Er testet den Glauben und das Vertrauen von Abraham, indem er ihm befiehlt, seinen überaus geliebten, einzigen Sohn Isaak zu opfern. Im Buch Richter wird von grausamen Schlachten, die mit der Hilfe Gottes geschlagen wurden, berichtet. Und Gott schließt mit dem Widersacher eine Wette ab über die Frömmigkeit des Hiob und schaut, fast wie bei einem Spiel, zu und lässt zu, dass diesen ein Schicksalsschlag nach dem anderen ereilt. *»Deus absconditus«*, den »verborgenen Gott«, nannte Luther diese dunkle, für uns nicht nachvollziehbare Seite des Schöpfers. Deshalb hat es schon seinen guten Grund, wenn wir in unseren Fürbitten immer nur den »guten Gott« ansprechen; denn die andere Seite Gottes, die dunklen Nuancen des Unfassbaren, macht uns Angst, führt uns aber auch zurück zu einer »gesunden Ehrfurcht«. Diese Bitte ist ein Machtwort, das um die Macht des Schrecklichen weiß und sich dagegen wehrt.

7. **Bitte:** *Sondern erlöse uns von dem Bösen!*

Das Böse in uns, das Böse auf der Welt kennen wir, und wir strecken uns aus nach Erlösung, nach Befreiung von Destruktion und Fehlverhalten. Habgier, Neid und Machtstreben sind die Grundmotoren des Bösen. Gleich nach dem Rauswurf aus dem Paradies entsteht der Neid zwischen den beiden Brüdern Kain und Abel, weil der eine (vermeintlich) mehr Anerkennung bekommt als der andere. Das macht den mutmaßlich »weniger Wertgeschätzten« so wütend, dass er seinen Bruder ermordet. Machtstreben, Habgier und Neid lassen uralte Konflikte plötzlich wieder aufbrechen, und Nachbarn erschlagen und denunzieren einander. Kriege, die Atombombe, der Klimawandel: Alles, was das Leben kurzfristig oder langfristig zerstört, wächst in der Regel aus diesem Bösen. Diese letzte Bitte ist allerdings auch eine Ohnmachtsbitte; denn wir wissen ja insgeheim, dass der Allmächtige eben genau das nicht tun wird: Er wird nicht eingreifen und uns von dem Bösen erlösen. »Wollte Gott eingreifen und auf dieser Welt für Gerechtigkeit sorgen, müsste er ein riesiges Blutbad anrichten«, hat jemand mal gesagt. Andere halten die Corona-Pandemie und den Klimawandel für zwei der in der Offenbarung des Johannes angekündigten apokalyptischen Reiter. Somit würde sich der Kreis zur ersten Bitte »Dein Reich komme« wieder schließen, und es wäre die Bitte darum, dass Jesus bald wiederkommen möge. Das allerdings, so wird es beschrieben, wäre ein äußerst machtvolles Geschehen. Wenn ich diese Bitte ausspreche, dann, weil ich mir wünsche, dass der Neid und die Habgier in meinem Leben möglichst wenig Raum bekommen sollen. Es schwingt also immer auch ein »Herr, erbarme dich!« mit.

»Ich liebe dich«

»Ich liebe dich!« ist ein Satz, der abgedroschen klingt, und der doch so viel Macht besitzt, wenn er wirklich ernst gemeint ist. Wenn zwei Menschen zueinander finden und in dem oder der Anderen ein Gegenüber, die fehlende zweite Hälfte entdecken, dann ist das ein machtvolles Geschehen, das alles auf den Kopf stellt und sämtliche bisherigen Vorzeichen für unser Leben verändert. »Darf ich Ihnen meine ›bessere Hälfte‹ vorstellen?«, sagen wir ja manchmal scherzhaft. Doch wenn wir ehrlich sind, und wenn eine Beziehung u. a. von gegenseitiger Wertschätzung geprägt ist, dann müssen wir es doch einfach zugeben und ruhig auch mal laut sagen: Meine Lebensbeziehung zu dir macht mich zu einem besseren Menschen. »Am Du reift das Ich«, hat der jüdische Theologe und Philosoph Martin Buber einmal gesagt, und das ist wirklich so. Meine Frau war 17 Jahre, und ich war 19 Jahre alt, als wir begonnen haben »miteinander zu gehen«. Und seitdem sind wir ein Paar, das mit allen Höhen und Tiefen einander geprägt hat. Daraus ist vor vielen Jahren folgender Liedtext entstanden:

Ganz dicht

Ganz dicht an meiner Seele
hast du dich festgelegt.
Es lässt sich kaum verhehlen:
Du hast mich stark geprägt.
Du hast mich nicht verlassen,
du lässt mir keine Ruh,
kann kaum in Worte fassen:
Ich liebe dich, mein »Du«.
Ganz dicht an meine Sehnsucht
hast du ein Zelt gestellt.
Es bietet eine Zuflucht
in jeder neuen Welt.
Ein Zelt, leicht abzubauen;
die Sehnsucht zieht es fort.
Es lässt sich schnell verstauen:
ein Dach für jeden Ort.

Ganz dicht an meine Träume
hast du ein Netz gespannt,
folgst mir in Zwischenräume
in meinem Niemandsland.
Ein Netz, mich aufzufangen,
wenn ich aus Wolken fall.
Im Traumland noch gefangen,
find ich dich überall.

Die Liebe, die wir dann zu unseren Kindern entwickeln, hat noch einmal eine ganz andere Dimension. Auf einmal gibt es da Menschen, für die man alles tun würde. An die man denkt, mit denen man bangt und sich freut, wenn das Leben gelingt. Es ist ein Gefühl, das ich vor der Geburt unserer Kinder nicht kannte. Ich war 36 Jahre alt, also ein »spät gebärender Vater«, als unser erster Sohn auf die Welt kam, und auf einmal war da dieses ganz große Gefühl, diese überwältigende und auch beängstigende Mischung aus Fürsorge, Angst, Freude und tiefer Liebe, von der ich gar nicht wusste, dass sie in mir schlummert.

Mit der Aussage »Ich liebe dich!« sollte man sehr vorsichtig sein; denn sie ist ein Machtwort – auch und vielleicht besonders für den Menschen, zu dem es gesagt wird. Ich zeige dem Anderen: »Du kannst mir 100 % vertrauen. Du kannst dich fallen lassen. Ich werde dich tragen und ertragen!« Und wenn der oder die Andere sich dann wirklich öffnet, macht er oder sie sich verletzbar und riskiert letztendlich sein Leben.

»Das haben Menschen und Diamanten gemeinsam: Erst, wenn man sie aus der Fassung bringt, erkennt man ihren eigentlichen Wert.«

(Sprichwort)

»Ich bin dein Freund!«

Kein Wort wurde jemals so sinnentleert wie das Wort »Freund« oder »Freundschaft« durch das Internetportal Facebook. Dabei ist ein »Freund« oder eine »Freundin« etwas überaus Wertvolles und Seltenes, und die Aussage »Ich bin dein Freund!« ein Wort, das mich stark macht und mir »Beziehungs-Macht« verleiht. Wirklich gute Freunde kann man nicht viele haben; denn es ist nicht nur beglückend, sondern auch mitunter anstrengend, eine solche Beziehung zu pflegen und lebendig zu halten. Ich bin in der glücklichen Lage, Freunde zu haben. Ich habe viele Bekannte. Wenn ich einen großen Geburtstag feiere, dann komme ich auf etwa 150 bis 200 Personen, die ich dabeihaben und einladen möchte. Und darunter sind natürlich auch die Freunde. Ich habe dafür so eine Art Grafik in meinem Kopf: Es gibt den 5er-Kreis: die ganz engen Freunde, und es gibt den 10er-Kreis: die Freunde. Dann kommt der 20er-Kreis: die »guten Bekannten«. Manche von diesen sehen mich als »engen Freund«, aber ich selbst empfinde das nicht so. Und vielleicht ist es hier und da auch umgekehrt so. Aber ich freue mich (meistens zumindest), wenn ein angenehmer, guter Bekannter mich zu seinen engen Freunden zählt. Ich werde dem nicht widersprechen, wenn er oder sie es so empfindet. Ich bin halt auch ein »Netzwerker«. Vielleicht ist diese Denkweise auch »typisch deutsch«; denn im Englischen gibt es den Begriff des »Bekannten« gar nicht: Bekannte sind »friends« und Freunde »close friends«. Ich gebe zu: Es ist ein wenig kompliziert, und es gibt durchaus Freunde, die zwischen dem 5er- und dem 10er-Kreis wechseln. Da gibt es fließende Übergänge. Darin liegt auch keine Wertung, sondern es hat mit der momentanen Intensität einer Beziehung zu tun. Aber wie glücklich darf ich sein, zu sagen: »Ich habe 15

Freunde – mindestens!«, ohne mich dabei selbst zu belügen. Das sind schon sehr viele, finde ich.

Bei dem biblisch-apokryphen Buch Jesus Sirach lesen wir:

> *»Sanfte Rede erwirbt viele Freunde, und eine freundliche Zunge vermehrt die Umgänglichkeit. Viele mögen es sein, die in Frieden mit dir leben; dein Vertrauter aber sei nur einer unter tausend. Erwirbst du einen Freund, erwirb ihn durch Erprobung, und schenk ihm dein Vertrauen nicht allzu schnell! Denn mancher ist ein Freund je nach der Zeit und hält nicht stand am Tag der Not. Mancher Freund wird zum Feind und bringt den schmählichen Streit mit dir an den Tag. Mancher ist nur Freund als Tischgenosse, aber am Tag des Unheils ist er nicht mehr zu finden. In deinem Glück ist er eins mit dir und tritt freimütig vor deinem Gesinde auf. Wenn es dir schlecht geht, dann wendet er sich gegen dich und hält sich vor dir verborgen. Von deinen Feinden halte dich fern, und vor deinen Freunden sei auf der Hut! Ein treuer Freund ist eine starke Stütze. Wer einen solchen findet, hat ein Vermögen gefunden. Für einen treuen Freund gibt es keinen Preis, und nichts wiegt seinen Wert auf.« (Sir 6,5–17)*

Alte, aber sehr weise und wahre Worte! Freundschaften werden dann kompliziert, wenn sich die enge Beziehung mischt mit geschäftlichen Interessen und ein scheinbar »enger Freund« sich nach teilweise Jahrzehnte langer guter Zusammenarbeit als ein Feind, als ein Betrüger, der hinter meinem Rücken in die eigene Tasche gewirtschaftet hat, erweist. Ein guter Freund musste das erleben, und sein Vertrauen in jegliche Art von Beziehungen wurde dermaßen erschüttert, dass er auch an den Beziehungen echter Freunde heftig zweifelte und rüttelte, mir Beleidigungen an den Kopf warf, mich mit Schmähungen überschüttete und mir Vorwürfe machte. Ich habe das ausgehalten, ohne genau zu wissen, was ihn so aus dem Konzept gebracht hatte. Aber ich habe ihm signalisiert: »Meine Tür steht offen!« Nach zwei Jahren Kontaktpause haben wir dann wieder zueinander gefunden und zu einer, wie ich finde, noch tieferen Freundschaft.

Ein jüdischer Rabbi, der den Holocaust überlebt hatte, wurde einmal gefragt, was er mit dem Begriff »Freund« verbinden würde. Daraufhin hatte dieser geantwortet: »Ein Freund ist für mich jemand, der bereit wäre, mich zu verstecken!« Also jemand, der oder die bereit wäre, für mich Kopf und Kragen zu riskieren. Wenn man allerdings diesen sehr hohen Maßstab an den Begriff »Freundschaft« anlegt, dann reduziert sich der Kreis derer, die man noch »Freund« nennen kann, nochmals erheblich; denn die Frage wäre ja im Gegenzug: »Für wen wäre ich bereit, Kopf und Kragen zu riskieren?«

Jesus sagte einmal zu seinen Jüngern: *»Eine größere Liebe hat niemand als die, dass er sein Leben für seine Freunde hingibt. … Nicht ihr habt mich erwählt, sondern ich habe euch erwählt …«* (Joh 15,13–16) Und das stimmt sicherlich: Freundschaft hat immer auch etwas mit »Erwählung« zu tun – vor allem dann, wenn es auf einmal sehr viele Leute gibt, die mit einem befreundet sein wollen. Dann gilt es auszuwählen und letztendlich zu erwählen. Jesus war umlagert von hunderten von Menschen, die alle seine Freunde sein wollten, aber nur zwölf wurden erwählt.

»Freunde sind Gottes Entschuldigung für Verwandte.«

(Irisches Sprichwort)

Machtwort: Lebensmotto

»Im Zweifelsfall: großzügig!«

Ein Lebensmotto, das ich mir selbst wähle oder das mir von meiner Familientradition vorgegeben ist, übt Macht aus. Es erinnert mich in schwierigen Situationen an das, was ich eigentlich möchte. Mein persönliches Lebensmotto heißt: »Im Zweifelsfall: großzügig!«

Großzügigkeit ist der Schlüssel zu einem freien Leben. Wer alles auf Sparflamme kocht und jede Kleinigkeit bis ins Detail aufrechnet, wer nicht mehr in der Lage ist, zu schenken und sich beschenken zu lassen, dem wird das Leben arm und eng. Das muss nicht sein! Das Leben, ja Gott selbst lädt ein zur Großzügigkeit. Die Bibel ist ein Buch, das Großzügigkeit atmet von Anfang an. Gleich der erste Satz heißt: »Am Anfang schuf Gott Himmel …« Damit ist ja wohl der Kosmos gemeint: 100 Milliarden Galaxien, und in jeder dieser 100 Milliarden Galaxien befinden sich wiederum 100 Milliarden Sonnensysteme, so wie das unsrige eines ist – das ist groß. Und: Die Schöpfung ist ja noch nicht zu Ende. Das Weltall dehnt sich weiter aus, und zwar in Lichtgeschwindigkeit! Das ist zügig – großzügig eben. Und es geht gleich weiter: »Am Anfang schuf Gott Himmel und Erde …« Was für eine phantastische Vielfalt an Lebewesen und Pflanzen alleine hier auf unserem blauen Planeten! Schon allein in einem einzigen Quadratmeter Watt tummelt sich eine unglaubliche Vielfalt an Arten, Bakterien und Pflanzen – kein Zweifel: Die gute Schöpfung Gottes ist geprägt von einer geradezu unglaublichen Großzügigkeit.

Und: Die Bibel ist durchdrungen von der Möglichkeit der Vergebung. Nur wer großzügig ist, kann sich selbst und anderen vergeben. Und sie mündet in die Vision von der Auferstehung: Der Tod, das Leid und der Schmerz haben nicht das letzte Wort. Ich bin eingebettet in eine Dimension der Unendlichkeit – großzügiger geht es eigentlich nicht.

Ich kann Großzügigkeit lernen und üben, zum Beispiel im täglichen Straßenverkehr, indem ich rücksichtsvoll mit den anderen Verkehrsteilnehmenden umgehe. Wenn ich sehe, dass jemand links abbiegen möchte, und merke, dass ich in einer langen Autoschlange unterwegs bin, dann signalisiere ich ihm oder ihr per Lichthupe, dass ich warte, bis dieses Auto abgebogen ist. Wenn man auf den engen Straßen in Norwegen oder Irland unterwegs ist, dann wird man sehr schnell lernen, auf andere Rücksicht zu nehmen und im Zweifelsfall großzügig zu sein. Ohne vorausschauendes Fahren kommt man dort nicht weit. Immer wieder gilt es, an besonders engen Stellen anzuhalten und anderen Verkehrsteilnehmenden die Vorfahrt zu lassen. Schön ist es, wenn man sich dann anschaut und mit einem Handzeichen grüßt und sich bedankt. Hier eröffnet sich für den »deutschen Autofahrer-Stoffel« noch ein riesiges Lernfeld.

Auch und gerade im Urlaub können wir Großzügigkeit besonders gut ein- und ausüben. Begegnen Sie anderen großzügig, verschenken Sie Ihre Zeit, geben Sie mal ordentlich Trinkgeld (und runden Sie nicht nur um 30 Cent auf)! Machen Sie sich doch mal den Spaß und gehen in den Supermarkt. Sie schnappen sich einen Einkaufswagen und packen den so richtig voll. Dann schieben Sie ab an die Kasse. Und jetzt stellen Sie sich vor: Hinter Ihnen stellt sich ein Ehepaar mit zwei quengelnden Kindern und mit einem dick bepackten Einkaufswagen an, und diesen Einkaufswagen lassen Sie jetzt vor sich – Sie werden sehen: Es funktioniert! Großzügigkeit ist etwas Schönes, Befreiendes, und Sie werden ein Lächeln, vielleicht sogar ein nettes, kleines Gespräch ernten.

»Wie man in den Wald hineinruft, so schallt es zurück!«, sagt der Volksmund. »Wie ihr wollt, dass euch die Leute tun, ebenso sollt auch ihr ihnen tun« (Lk 6,31), sagt Jesus von Nazareth. Nun denken Sie vielleicht: »Na ja, ich will im Supermarkt ja gar nicht vorgelassen werden. Ich finde es ja gut, dass alles seine Reihenfolge und Ordnung hat!« Mag sein. Dann sehen Sie es als Metapher dafür, wie schön es sein könnte, wenn wir alle etwas freier, humorvoller und weniger gestresst miteinander umgehen würden. Dann würden wir schnell feststellen, dass es stimmt: Großzügigkeit ist der Schlüssel zu einem freieren Leben.

»Mit der Zeit nimmt die Seele die Farben deiner Gedanken an!«

Dieser Ausspruch des Philosophen und römischen Kaisers Marc Aurel wurde und wird immer wieder gerne von dem bekannten Autor und »Spezialist für Persönlichkeitsentwicklung« Jens Corssen zitiert. Das, worauf du dich in deinem Leben konzentrierst, um was deine Gedanken kreisen und womit du dein Hirn fütterst, wird dich nach und nach grundlegend verändern. Ein befreundeter Kollege hatte sich dieses Zitat als Leitspruch gewählt. Leider konnte ich bei ihm genau das beobachten, dass die Gedanken und Analysen aus der Querdenkerszene, mit denen er sich intensiv befasste und »fütterte«, mehr und mehr Besitz von seiner Persönlichkeit ergriffen und ihn so sehr veränderten, dass ein normaler Kontakt zu ihm nicht mehr möglich war. Jesus sagt: »Woran du dein Herz hängst, das ist dein Gott!« (vgl. Mt 6,21), und »Niemand kann zwei Herren dienen. … Ihr könnt nicht Gott dienen und dem Mammon« (Mt 6,24).

Dieses »Mit der Zeit nimmt die Seele die Farben deiner Gedanken an!« besagt ja – nun aber neutral und zunächst wertfrei – im Grunde dasselbe wie das schreckliche Kinderlied »Pass auf, kleines Auge, was du siehst …« (siehe Seite 125).

Ein befreundeter und überaus begabter Töpfermeister geriet Anfang der 1980er Jahre in die Fänge des BEP, des sogenannten Bewusstseinserweiterungsprogramms, das diesem für sehr viel Geld (das er bezahlen musste) einredete, dass er in einer anderen Branche viel erfolgreicher sein könnte und mit dem, was er momentan »machte«, weit hinter seinen Möglichkeiten bliebe. Er begann, alle Wände in dem ehelichen Haus grün zu streichen. Er strich negative Sätze aus dem Märchenbuch seines Sohnes, und er bat mich vor einem Konzert, das er besuchen wollte, in meinen Liedern und Ansagen doch bitte alle negativen Aussagen wegzulassen. »Think positive!« war eine der Grundprämissen des BEP. Doch er wurde immer verschlossener, öffnete sich dafür aber mehr und mehr der »Gehirnwäsche« dieser Orgenisation. Das Ergebnis war letztendlich: Chaos. Die Ehe ging in die Brüche, und er kam nie wieder wirklich auf die Beine.

Wenn ich also bei mir feststelle, dass ich zu viel, zum Beispiel über »das liebe Geld«, nachdenke, dann sage ich mir selbst diesen Satz und verbinde ihn mit dem alten Psalm-Gebet: »Schaffe in mir, Gott, ein reines Herz!« und »Hilf mir, dass ich mich auf das Gute, Notwendige und Heilsame in meinem Leben konzentriere!« (vgl. Ps 51,12).

»Da, wo ich bin, da will ich sein!«

Immer wieder stoße ich beim Zappen im Fernsehen auf Berichte über Menschen, die hier bei uns alle Zelte abgebrochen haben und zum Beispiel auf Mallorca ein neues Leben beginnen (wollen). Oft wird dann aus dem Traum ein Albtraum, den das Fernsehteam genüsslich zelebriert. Viele wollen wie bereits weiter vorne beschrieben scheinbar da, wo sie sind, nicht sein – auf den ersten Blick. Bei genauerem Hinsehen wollen wir jedoch genau da sein, wo wir sind; wir machen es uns nur nicht bewusst. Folgende Fragen sollte ich mir stellen: »Was muss ich aufgeben an Kontakten, an Freundschaften an lieben Gewohnheiten und vertrauten Orten? Welche Menschen müsste ich enttäuschen, wenn ich für immer wegziehe? Welche Sicherheiten müsste ich verlassen, um ganz anders zu leben? Will ich das wirklich?« Die ehrliche Antwort wäre in der Regel: »Nein, das will ich nicht!« Der Preis, den ich zahlen müsste, um gänzlich woanders zu sein, wäre viel zu hoch. Also will ich da sein, wo ich bin; denn wirklich ändern will ich es ja auch nicht. Und selbst, wenn ich da, wo ich bin, nicht sein will (z. B. an meinem Arbeitsplatz), es aber muss, aufgrund der Umstände, dann wäre es doch viel lebensklüger, wenn ich aufhörte zu jammern und meine Situation bejahte. Dann wäre es doch klug, sich an den Spiegel im Bad, an die Tür des Kühlschranks und an den Innenspiegel meines Autos ein kleines Zettelchen zu heften, auf dem steht: »Da wo ich bin, da will ich sein!«

In der Apostelgeschichte wird erzählt, dass der Apostel Paulus und sein Gehilfe eines Tages in den Hochsicherheitstrakt eines Gefängnisses gesperrt wurden. Sie hätten also allen Grund gehabt, ihre Situation zu beklagen. Doch die beiden machen das genaue Gegenteil: Um die Mitternachtsstunde fangen sie an zu singen und Gott zu loben. Sie bejahen ihre Situation. In diesem Moment werden die Grundmauern erschüttert, die Türen springen auf, und die Fesseln fallen ab. Ein kraftvolles Bild für das, was in meinem Leben geschehen kann, wenn ich aufhöre zu jammern, und beginne, mein Leben grundlegend zu bejahen: Ich werde freier sein als je zuvor!

Da wo ich bin, da will ich sein,
ich will den Moment erleben,
ich will meinen Blick erheben,
will zu meinem Leben stehn
und das Gute darin sehn.

Manchmal bin ich müde, habe keine Lust
morgens aufzustehen, weil ich zur Arbeit muss.
Doch die Art von Leben, die ich leben will,
muss ich mir verdienen und bedenke still:

Da wo ich bin, da will ich sein,
ich will den Moment erleben,
ich will meinen Blick erheben,
will zu meinem Leben stehn
und das Gute darin sehn.

Manchmal geht mir manches ziemlich auf den Geist,
ich hab schlechte Laune, die Stimmung liegt auf Eis.
Manches in mir sehnt sich, erlöst und frei zu sein,
doch auf einmal holt mich diese Zeile ein:

Da wo ich bin, da will ich sein,
ich will den Moment erleben,
ich will meinen Blick erheben,
will zu meinem Leben stehn
und das Gute darin sehn.

Mobilisierende Machtworte

»Wir schaffen das!«

»Just do it!«

»Just do it!« steht auf der Rückseite meiner Gymnastikmatte, die ich, auch wenn ich auf Konzertreisen unterwegs bin, mit im Gepäck habe. Diese direkte Aufforderung »Überleg nicht lange, sondern mach!« tut mir gut; denn ich überlege manchmal tatsächlich viel zu lange und mache mir zu viele Gedanken. Somit könnte diese Anweisung durchaus als Überschrift für die nun folgenden Selbstanweisungen stehen. Ein »Machtwort« ist deshalb auch ein »Machtwort«, weil es mich zwingt und daran erinnert, Dinge anzugehen, die richtig sind, und die mir guttun. In diesem konkreten Fall erinnert es mich daran, dass ich mir Zeit nehme für mich, mir einen freien Bodenraum suche, bequeme Sportkleidung anziehe (oder auch nicht), die Matte ausrolle und dann meine Übungen mache. Nichts denken, planen oder überlegen, sondern einfach machen! Ich weiß ja, dass es mir guttut, und dass ich hinterher denke: »Mensch, das müsste ich ›eigentlich‹ jeden Tag machen!«

Eigentlich

»Eigentlich« gibt es eigentlich nicht,
weil es eigentlich gar nichts gibt,
was dem Wörtchen »eigentlich«
sinngemäß entspricht.

Eigentlich würd' ich gern malen,
sagte sie ihr Leben lang,
widerstand oft unter Qualen
ihrem künstlerischen Drang.
Immer sprach sie nur davon,
»eigentlich« und dann und wann,

und hat nie damit begonnen,
fing niemals zu malen an.

Eigentlich bräucht unsre Ehe
eine gute Therapie,
weil wir uns nicht mehr verstehen
und voreinander fliehn.
Unser Bett ist längst verwaist;
keiner macht hier mehr den Wolf.
Unsre Liebe liegt auf Eis,
und du, du spielst jetzt Golf.

Eigentlich müsst ich abnehmen:
Eigentlich bin ich zu dick.
Doch bei allen Diätthemen
schalt ich einen Gang zurück,
werde still und klink mich aus;
denn es fehlt an Disziplin.
Zu verschmähen Trank und Schmaus,
kriege ich einfach nicht hin.

»Eigentlich« ist ziemlich praktisch,
weil ja letztlich nichts geschieht.
Man erwähnt ja nur mal taktisch,
dass es da Probleme gibt.
Kann getrost dann weiterziehn;
denn man weiß ja: »Eigentlich«
sollte man nun nicht mehr fliehn –
aber halt nur »eigentlich«.

»Ich faste!«

Anknüpfend an den vorletzten Vers des Liedtextes »Eigentlich«, habe ich in den letzten Jahren dann doch tatsächlich alle Jahre wieder in der Passionszeit die Disziplin aufgebracht, zu fasten. Es gibt ja in jedem Jahr neue und kreative Vorschläge, wie wir unsere Alltagsgewohnheiten mal für sieben Wochen unterbrechen und irgendetwas anders machen können als sonst. »Sieben Wochen ohne …« nennt sich zum Beispiel solch eine Aktion, und da fand ich »… ohne Handy« oder »… ohne Plastik« durchaus herausfordernd und erfrischend. Sinn dieser Aktionen ist ja auch, dass wir unser Verhalten überdenken, es einmal ganz anders ausprobieren und dann unsere Gewohnheiten vielleicht nachhaltig verändern. Und dafür ist die Passionszeit hervorragend geeignet; denn sie ist ja traditionell eine Zeit der Buße. Buße ist zwar ein altes und verstaubtes Wort, aber es bedeutet »Umkehr«, also dass ich mich abwende von einem bestimmten Verhalten. Mir tut es in jedem Jahr wieder neu gut, einfach mal auf Alkohol zu verzichten. Ich genieße gerne ein gutes Glas Rotwein. Nach Konzerten sitzen wir gerne noch zusammen, und dann bleibt es eben nicht bei diesem einen Glas. Da ist es gut und für mich wichtig, mich der Frage zu stellen: Bin ich schon ein Gewohnheitstrinker, also bis zu einem gewissen Grad schon Alkoholiker, oder macht es mir nichts aus, auf diesen Genuss zu verzichten? Nun, es macht mir natürlich etwas aus, sonst wäre es ja auch kein Verzicht; aber es ist nicht schlimm, und ich merke: »Es geht auch ohne …« Diese »sieben Wochen ohne« haben dann irgendwann auch dahingehend mein »Trinkverhalten« verändert, dass ich an zwei bis drei Tagen in der Woche ebenfalls komplett auf Alkohol verzichte. Dieses Fasten hat ja auch den enormen Vorteil, dass ich »dieses gute Glas Rotwein« wieder ganz neu genieße und zu schätzen weiß. In den letzten beiden Wochen der Passionszeit »sattle« ich dann in der Regel nochmals eine Woche Heilfasten drauf. Und da gilt nun wirklich die innere Aufforderung: »Just do it!« Denn mir fallen sofort und immer wieder sehr viele »gute Argumente« ein, warum es nun ausnahmsweise mal in diesem Jahr nicht so günstig ist, eine Heilfastenkur zu machen. Der Grund: Es macht keinen Spaß, den Körper quasi »auf Nichts« umzustellen. Also: Zumindest mir macht es keinen Spaß. Es gibt natürlich enthusiastische Fastenratgeber, die jeden Moment des Fastens regelrecht feiern. Und das ist sicherlich auch eine gute Herangehensweise (vgl. »Da, wo ich bin, da will ich sein.«). Aber ich kenne mich halt und meine Erfahrungen mit dem Heilfasten! Am Anfang steht ein sogenannter Entlastungstag: Da esse ich nur Obst und Gemüse und merke schon, wie die schlechte Laune »nach mir greift«. Am Abend wird dann mit Hilfe von Glaubersalz eine komplette Darmentleerung eingeleitet. Am nächsten Morgen gibt es »zum Frühstück« mehrere Tassen Kräutertee, und ab da wird viel Wasser und Tee getrunken. Zum »Mittagessen« gibt es ein Glas Fruchtsaft, und dann wird wieder viel Wasser und Tee getrunken. Das »festliche Abendmahl« schließlich besteht aus zwei Tassen klarer Gemüsebrühe. Das ist nun in etwa mein »Speiseplan« für die nächsten fünf bis sieben Tage. Gleich am nächsten Morgen kommt die erste Belohnung: Die Waage zeigt ein Kilo weniger Gewicht an. Der zweite Tag ist für mich der schwerste; denn da habe ich noch einen gewissen Resthunger. Doch dann geht es bergauf, die Laune steigt, und ich bin von Tag 3 bis 5 auf einmal wacher, brauche weniger Schlaf und bin (geistig zumindest) leistungsfähiger. Und: Jeden Tag purzelt ein Kilo, sodass ich am Tag 6 tatsächlich fünf Kilo weniger wiege. Ich beginne mich zu bewegen und »walke« eine Stunde. Dabei spüre ich, dass sich »die fünf Kilo weniger« bemerkbar machen, und das ist ein schönes Gefühl. Ich bin beschwingt und habe gute Laune. Am Morgen des siebten Tages kommt dann die Ernüchterung: Die Waage zeigt auf einmal Stillstand an, nein, sie zeigt sogar 100 Gramm mehr an als am Tag zuvor! Wenn mich das dann zu sehr frustet, beginne ich wieder mit dem Rückkehrtag: mit geriebenem Apfel am Morgen, einer Haferschleimsuppe am Mittag und einer leichten Mahlzeit am Abend. Und das Wichtigste: Immer viel trinken! Warum mache ich das? Nun ganz einfach: Ich möchte meine Gewohnheiten überprüfen und durchbrechen – auch meine Essgewohnheiten, und ich versuche, jedes Jahr aufs Neue auch meine Ernährung so umzustellen, dass ich mein ideales Wohlfühlgewicht nicht ganz aus den Augen verliere. »Jetzt faste ich!« ist ein echtes Machtwort, weil es an manchen Stellen meines Lebens einfach mal die »Resettaste« drückt.

»Soll das so bleiben?«

Der Westfale ist ja bekannt für seine mitunter direkte Art. So geschah es, dass bei einem Konzert in Nordrhein-Westfalen nach der Veranstaltung ein alter Bekannter auf mich zukam, mir die Hand auf meinen Bauch legte und fragte: »Soll das so bleiben?« Ich gebe zu: Ich war zu diesem Zeitpunkt nicht besonders zufrieden mit meinem Körpergewicht und empfand mich als zu dick. Aber nun von einem Bekannten so direkt darauf angesprochen zu werden, hat mich dann doch ein wenig schockiert. Ich dachte: »Was erlaubt der sich?«, und ich hatte eigentlich auch keine Lust, ihm auf seine unverschämte »Anmache« zu antworten. Ich glaube, ich habe zu ihm gesagt: »Du bist ja ganz schön frech!« Allerdings hat mich diese seine Frage in der Folgezeit nicht mehr losgelassen, und oft stand ich vor dem Spiegel und fragte mich selbst: »Soll das so bleiben?« Diese Frage übte Macht in mir und den Drang zur Veränderung aus. Jedes Jahr in der Fastenzeit verzichte ich wie gesagt für sieben Wochen auf Alkohol eben genau aus diesem Grund: Ich möchte alte Gewohnheiten durchbrechen, und es soll eben nicht alles so bleiben. Aus diesem Grund heilfaste ich in dieser Zeit zudem noch mindestens eine Woche, um auch mein Körpergewicht zu reduzieren, damit es zumindest für ein paar Tage, wenn möglich Wochen, nicht so bleibt, wie es war. Ich möchte mich eben gerade nicht damit abfinden, dass ich ein gewisses Übergewicht habe. Frustrierend war dann jedoch alle Jahre wieder, dass sich der sogenannte Jo-Jo-Effekt einstellte und ich trotz meiner Fastenkur nach spätesten vier Wochen wieder das alte Gewicht auf die Waage brachte. Eines Tages bekam ich mit, dass ein guter Freund innerhalb von sechs Wochen zehn Kilo abgenommen hatte. Bei unserem nächsten Treffen fragte ich ihn: »Wie ist dir das gelungen?« Daraufhin erwiderte dieser: »Ich habe meine Ernährung auf ›Low Carb‹ umgestellt, und ich backe mein Brot selbst!« Und dann kam das entscheidende Machtwort: »Du musst einfach täglich mehr Kohlehydrate verbrennen, als du zu dir nimmst. Das bedeutet: Jeden Tag sportlich aktiv sein!« Ich hatte gerade eine Heilfastenwoche hinter mir und wollte die so eingesparten fünf Kilo unbedingt halten; also trafen wir uns und haben gemeinsam »Low-Carb-Brot« gebacken – ein Rezept, bei dem das Brot in erster Linie aus Magerquark, Eiern und geschrotetem Leinsamen besteht, und das (trotzdem) gar nicht schlecht schmeckt. Ich schob drei 500-Gramm-Laibe in den Ofen. Zwei wurden später eingefroren und einer gleich nach dem Abkühlen angeschnitten und nach und nach verzehrt. Dann habe ich zum ersten Mal in meinem Leben begonnen, regelmäßig Sport zu machen. Ich nannte es »meinen Triathlon«. Dieser bestand aus 20 Minuten Rudern (an einer Rudermaschine) – meist, während die ZDF-Sendung *Bares für Rares* lief. Dann: mindestens 50 Minuten Walken und anschließendes Fahrradfahren (wenn es nicht regnete). Sehr bald belohnte die Waage meine Bemühungen, und ich merkte auf einmal, dass ich mich insgesamt wohler fühlte, dass ich nachts besser schlief, und dass ich auch morgens besser »rauskam«. Immer wieder musste ich über die Frage meines Bekannten schmunzeln: »Soll das so bleiben?« »Nein«, konnte ich nun antworten, »ich habe endlich einen Weg gefunden, dass es nicht so bleibt!«

Die Frage »Soll das so bleiben?« bewegt natürlich auch alle Menschen, die über die Zukunft unseres Planeten nachdenken und spüren: Es kann nicht einfach so weitergehen! Vieles kann eben nicht so bleiben, wie es die letzten Jahrzehnte gelaufen ist. Wir müssen lernen, nachhaltig zu wirtschaften. Wir müssen es schnell, sehr schnell schaffen, klimagerechter zu leben und zu handeln. Die Pandemie und der brutale Überfall Putins auf die Ukraine haben uns sehr deutlich vor Augen geführt, dass eben vieles nicht so bleiben kann und wird wie bisher.

»Heute wird aufgeräumt!«

Ein Machtwort, das ich mir hin und wieder sage, ist so eine Art Selbstbefehl, und der lautet: »Heute wird aufgeräumt!« Ich muss mir dann wirklich eine imaginäre Hausmeistermütze aufsetzen und beschließen: Jetzt wird nichts anderes gemacht als ausgemistet und aufgeräumt! Ich bin ein Meister der »Prokrastination«, das heißt, ich neige dazu, Dinge, die dringend erledigt werden müssten, tatsächlich nicht anzupacken. Ich mache stattdessen alles mögliche andere. Ein lieber

Freund, der als Komponist und Arrangeur auch viele meiner CDs produziert hat, kennt dieses Problem ebenfalls sehr gut. Allerdings ist er, im Gegensatz zu mir, ein sehr ordentlicher Mensch. Aber wenn es darum geht, eine neue Produktion anzufangen, prokrastiniert er zunächst einmal, indem er zum Beispiel beginnt, all seine Aktenordner neu zu beschriften. Und es gibt ja, allzumal für einen Kreativen, sehr viele Möglichkeiten, dem, was eigentlich getan werden müsste, auszuweichen: Man checkt seine E-Mails, surft im Internet mit dem Argument: »Ich muss doch informiert sein!«, kocht sich einen Kaffee, geht zur Post oder ins Lager usw. Ich muss mir dann den Selbstbefehl geben: »Heute wird nicht kreativ gearbeitet, es werden keine E-Mails gelesen und versendet, es werden einfach nur einfachste Hausmeisterarbeiten erledigt!« Aus schlauen Büchern wie zum Beispiel »Simplify Your Life« von Tiki Küstenmacher weiß ich, dass man, wenn man zum Beispiel eine Schublade aufräumen möchte, man diese zunächst einmal komplett leermachen muss, um dann in aller Ruhe all das auszusortieren, was man effektiv nicht mehr braucht. Und siehe da: Auf einmal hat man sehr viel Platz. Ein anderer Grundsatz lautet: »Alles, was du in den letzten drei Jahren nicht in der Hand hattest, kann weg!« – Das ist ein brutaler Satz und gerade, wenn man viele Bücher hat, kaum umzusetzen. Allerdings: Wenn ich mir den Keller und den Speicher vor Augen führe, dann fällt mir doch vieles ein, was wir einfach wegschmeißen könnten. Wobei das »wir« schon wieder auf ein neues Problem hinweist; denn gerade wenn Paare versuchen, gemeinsam aufzuräumen, entstehen sehr schnell fast unlösbare Probleme und Fragen: »Wovon können wir uns wirklich trennen?« Wenn ich dann mal wieder aufgeräumt habe, kann ein weiterer Selbstbefehl zu einem wohlordnenden Machtwort werden, und dieser Rat lautet: »Alles nur einmal in die Hand nehmen!« Das will sagen: Wenn du nicht weißt, wo du das Dokument, das Schreiben, das Buch, das Souvenir sinnvoll unterbringen kannst, dann schmeiß es am besten gleich weg!

Aufgeräumt (Ich habe letzte Nacht geträumt)

Ich habe letzte Nacht geträumt,
ich hätte gründlich aufgeräumt.
Im Keller hat sich angesammelt,
was viele Jahre schon vergammelt.
In Kisten und in großen Säcken
gibt es manches zu entdecken.
Was nirgendwo zu finden war,
das wurde hier sehr gut verwahrt.

Ich habe letzte Nacht geträumt,
ich hätte gründlich aufgeräumt.
Auf meinem Schreibtisch türmen sich
Notizen, Briefe – alt und frisch.
Die Fächer sind längst übervoll;
die zu sortieren wäre toll!
Vielleicht hab' ich die ganze Nacht
mal Ordnung in den Wust gebracht.

Ich habe letzte Nacht geträumt,
ich hätte gründlich aufgeräumt.
Der Speicher ist sehr gut gefüllt –
man könnt' auch sagen »zugemüllt«.
Wie gut wär' es für diesen Raum,
mein Traum bliebe nicht nur ein Traum.
Den Speicher füllt von Anfang an
»Was man vielleicht noch brauchen kann«.

Ich habe letzte Nacht geträumt,
ich hätte gründlich aufgeräumt:
In meinem Kopf das Karussell
dreht sich doch oftmals viel zu schnell.
So manches, was mir Sorgen macht,
hätt' sich erledigt über Nacht,
und jede Rechnung wär' bezahlt,
hab' ich im Traum mir ausgemalt.

Ich habe letzte Nacht geträumt,
ich hätte gründlich aufgeräumt;
doch dann bin ich vom Schlaf erwacht,
und niemand hatte es vollbracht:
Im Keller war zu viel verstaut
und auch der Speicher zugebaut,
und doch hat mich seit dieser Nacht
mein Traum auf die Idee gebracht:
Wir schmeißen einfach viel mehr weg
und reisen leicht – mit kaum Gepäck.
Und alles kommt jetzt auf den Müll,
was uns am Leben hindern will.

»Zeit für mich!«

Von dem bekannten Schweizer Psychoanalytiker C. G. Jung wird berichtet, dass er eines Tages einem Patienten eine Terminabsage erteilte mit der Begründung, er habe einen wichtigen, unaufschiebbaren, anderen Termin. Dieser Patient nutzte die so gewonnene Zeit und spazierte am Züricher See entlang. Auf einmal entdeckte er seinen Therapeuten und sah, dass dieser auf einem Steg am See saß und die Beine im Wasser baumeln ließ. Entrüstet beschwerte er sich am nächsten Tag bei ihm: »Sie haben mir doch abgesagt, weil Sie einen wichtigen, unaufschiebbaren, anderen Termin hätten. Aber stattdessen haben Sie Ihre Beine im See gekühlt!« Darauf erwiderte Jung: »Das war der wichtige, unaufschiebbare Termin: Ich hatte einen Termin mit mir selbst!«

Langsam durch die schnelle Zeit
zieht der Geist der Ewigkeit,
schaut sich die Termine an,
fragt mich: Sag', wann lebst du, wann?

Wann nimmst du dir Zeit, zu sehen,
was um dich herum geschieht,
Zeit, auch Dinge zu verstehen,
die das Auge übersieht?
Abgehakt und abgelegt
wie Terminkalender
schmeißt du deine Jahre fort,
ohne was zu ändern.

Wann nimmst du dir Zeit, zu lauschen
in die Stille, wie sie klingt?
Hörst du noch die Wellen rauschen
in der Muschel, wenn sie singt?
Du kannst lernen, zu verstehen,
wo ein Mund den Dienst versagt.
Mit dem Herzen hinzusehen,
lernt, wer so zu hören wagt.

Wann nimmst du dir Zeit, zu leben,
durchzuatmen – ein und aus?
Hast du dich schon aufgegeben;
wie sehn deine Träume aus?
Stemm' die Füße in den Sand,
spür' den Boden, der dich hält –
Teil der großen, starken Hand,
Teil des Schöpfers dieser Welt!

Langsam durch die schnelle Zeit
zieht der Geist der Ewigkeit,
schaut sich die Termine an,
fragt mich: Sag', wann lebst du, wann?

Machtworte in Märchen

»Sesam, öffne Dich!«

Märchen sind voller Machtworte und Machtereignisse. Ich habe aus der Vielzahl von Märchen vier exemplarisch ausgewählt.

»Sesam, öffne dich!«

Ali Baba ist ein armer Holzsammler. Er geht regelmäßig in den Wald und sammelt das Holz auf, das er findet. Dann verkauft er es auf dem Markt. Das auf diese Weise verdiente Geld reicht gerade mal zum Leben. Rücklagen können er und seine Frau damit nicht bilden. Aber sie begnügen sich mit dem, was sie haben, und sind halbwegs zufrieden.

Sein Bruder Kasim ist das genaue Gegenteil. Er ist geizig, hält das vom Vater geerbte Geld zusammen und hat außerdem noch eine reiche Kaufmannstochter mit einer ordentlichen Mitgift geheiratet.

Einmal, als Ali Baba wieder mal mit seinem Esel zum Holzsammeln unterwegs ist, sieht er eine Gruppe von wild aussehenden Männern. In seiner Furcht vor dieser Truppe versteckt er schnell sein Packtier in einem Gebüsch und klettert auf einen Baum, um nicht entdeckt zu werden. Die Männer halten direkt unter dem Baum, auf dem sich Ali Baba versteckt, und nun kann er sehen, dass es sich offensichtlich um eine Räuberbande handelt; denn ihre Packtiere quellen über von Schätzen und Reichtümern, die sie wohl erbeutet haben. Plötzlich geht einer der Männer auf die vor ihm liegende Felswand zu und ruft:

»Sesam, öffne dich!«

Da öffnet sich im Berg ein großes Tor. Die Räubertruppe begibt sich mit Sack und Pack und allen Schätzen in das Berginnere. Der Holzhändler zittert wie Espenlaub oben in seinem

Baumversteck. Aber er merkt sich den Spruch des Räubers. Nach einiger Zeit kommen die Räuber wieder aus dem Berginneren, und einer ruft:

»Sesam, schließe dich!«

Daraufhin verschließt sich grollend das große Tor im Berg. Die Männer steigen auf ihre nun viel leichteren Pferde und galoppieren davon. Ali Baba sitzt alleine und ganz benommen auf seinem Ast. »Vielleicht öffnet sich ja der Berg auch, wenn ich das Losungswort sage«, denkt er bei sich und klettert den Baum hinunter. Er baut sich vor dem Felsen auf und ruft:

»Sesam, öffne dich!«

Und tatsächlich: Das große Steintor des Berges öffnet sich grollend und ächzend. Neugierig und staunend betritt er das Innere des Berges. Wie das glitzert und funkelt! Ali Baba ist ganz benommen von diesem Reichtum. »Nun«, denkt er sich, »es ist sicher okay, wenn ich mir von dem Diebesgut ein wenig mit nach Hause nehme.« Und so belädt er seinen Esel mit so vielen Schätzen, wie dieser gut tragen kann. Dann tritt er wieder ins Freie und ruft:

»Sesam, schließe dich!«

Zuhause angekommen, freut sich die Frau von Ali Baba über den unverhofften Reichtum. Allzu gerne möchte sie aber doch wissen, wie reich sie denn nun tatsächlich sind. Also leiht sie sich eine Waage von ihrer Schwägerin. Die wiederum ist sehr neugierig und möchte wissen, was ihre Schwägerin da zu wiegen hat. Deshalb bestreicht sie die Waage mit Talg, in der Hoffnung, dass etwas von dem, was es da zu wiegen gibt, an der Waage hängen bleibt. Und tatsächlich: Als sie die Waage zurückerhält, kleben daran noch zwei, drei kleine Goldstücke. Das Verlangen des geizigen Bruders ist geweckt, und er bedrängt Ali Baba, ihm sein Geheimnis preiszugeben. Schließlich gibt dieser nach und verrät Kasim den Ort und die Losungen, aufgrund derer sich das Tor im Berg öffnet und schließt. Daraufhin zieht Kasim mit zehn Packeseln los, um möglichst viel von den Schätzen der Räuber zu stehlen. An der Felswand angekommen, ruft er:

»Sesam, öffne dich!«

Und siehe da: Unter tiefem Grollen öffnet sich das steinerne Tor. Mit leuchtenden Augen und voller Habgier rafft er so viele Schätze wie möglich zusammen. Währenddessen schließt sich das Tor im Berg wieder. Kasim beachtet das gar nicht. In seinem Eifer hat er jedoch das »Passwort« vergessen, und als er aufbrechen will, bleibt der Berg verschlossen. Es ist wie verhext! Was er auch probiert – »Simson, öffne dich!«, »Somsin, öffne dich!« –, das Tor in die Freiheit bleibt zu. Als die Räuber wieder zu ihrer Schatzkammer kommen, finden sie den eingeschlossenen Kasim und schlagen ihm den Kopf ab.

Rapunzel

Eine Frau und ein Mann sind seit vielen Jahren glücklich verheiratet. Allein ein Kind fehlt noch zum vollkommenen Glück. Eines Tages wird die Frau jedoch schwanger und hat, wie es bei Schwangeren scheinbar oftmals so ist, seltsame kulinarische Gelüste. Der benachbarte Garten gehört einer Fee. Dort entdeckt sie, als sie einmal aus dem Fenster schaut, ein Beet mit Feldsalat, auch Rapunzel genannt. Nun beschleicht sie auf einmal eine unbändige Lust auf diesen Feldsalat. Sie bedrängt ihren Mann, er möge ihr doch aus dem Garten der Fee diesen Salat ernten und bringen. Der Ehemann kann seiner schwangeren Frau den Wunsch nicht abschlagen. Also schleicht er sich zweimal heimlich in den Garten der Fee, um den Rapunzelsalat zu stehlen. Beim zweiten Mal erwischt ihn die Fee und verhängt als Strafe, dass sie den Eltern das noch ungeborene Kind gleich nach der Geburt abnehmen werde. So geschieht es auch. Die Fee nimmt das neugeborene Mädchen an sich und gibt ihm den Namen Rapunzel.

Rapunzel entwickelt sich zu einer wahren Schönheit. Sie hat wundervolles, golden glänzendes, langes Haar. Da die Fee das Mädchen für sich haben möchte, sperrt sie Rapunzel tief im Wald in einen hohen Turm, der weder eine Eingangstür noch eine Treppe hat. Immer, wenn die Fee das Mädchen besuchen möchte, stellt sie sich unter das einzige Fenster des Turmes und ruft:

»Rapunzel, Rapunzel, lass dein Haar herunter!«

Daraufhin lässt das Mädchen ihren langen, goldenen Zopf vom Fenster hinab, sodass die böse Fee daran zu ihr hinaufklettern kann. Ein Prinz beobachtet das wundersame Geschehen, und als die Fee wieder verschwunden ist, fasst er sich ein Herz, stellt sich unter das Turmfenster und ruft:

»Rapunzel, Rapunzel, lass dein Haar herunter!«

Die beiden verlieben sich ineinander. Von da an besucht sie der Prinz regelmäßig, und heimlich werden sie ein Paar. Die Fee kommt natürlich irgendwann dahinter und sinnt auf Rache. Der weitere Verlauf dieses Märchens wurde unterschiedlich tradiert, endet jedoch eher tragisch – kein Happy End!

Des Kaisers neue Kleider

Ein Märchen von Hans Christian Andersen, das mich von jeher fasziniert, heißt *Des Kaisers neue Kleider*. Ich erzähle hier die Kurzversion der Geschichte von einem modeverrückten Kaiser, der eines Tages beschließt, dass er die schönsten und luftigsten Kleider auf der ganzen Welt besitzen möchte. So ziehen die Modemacher und Schneider aus aller Welt an den Hof des Kaisers, nehmen Maß und lassen feinste Seidenstoffe weben und herstellen. Dann erscheinen sie mit ihren Meisterwerken immer wieder vor dem Kaiser. Dieser nimmt die Kleidungsstücke in Augenschein und lässt die Stoffe wohlwollend durch die Hände gleiten. Schließlich lässt er sich komplett neu einkleiden mit prachtvollen und doch federleichten Hosen, Hemden, Westen und Mänteln. Mit schönen Worten huldigen die Schneider dem Kaiser und seinem neuen Outfit; doch dieser ist nie ganz zufrieden. Immer wieder stört ihn irgendetwas. Entweder ist der Stoff zu bunt oder die Seide zu kratzig oder das Ganze immer noch viel zu schwer und behäbig.

Eines Tages kommen zwei Betrüger an den Hof des Kaisers, die ihm versprechen: »Wir nähen Euch neue Kleider, die so leicht sind wie ein Nichts und so bunt, wie Euer Gnaden es haben wollen. Die Gewänder haben gleichzeitig den Vorteil, dass sie für jene, die nicht für ihr Amt taugen, unsichtbar sind. Alle anderen, die Fähigen, die Klugen und Begabten, sehen die Kleider natürlich.« Die Gauner öffnen ihre Koffer mit den Stoffproben und reichen sie dem Kaiser mit großen und huldvollen Worten. Der Stoff besteht aus nichts und der Kaiser ist beeindruckt über die Leichtigkeit dieser wunderbaren Stoffe, die die beiden vermeintlichen Schneider gewissermaßen pantomimisch durch die Hände gleiten lassen. »Daraus webt mir ein Gewand, Schuhe, Hose, Weste und Mantel – koste es, was es wolle!«, ruft der Kaiser erfreut. Gesagt, getan! Die angeblichen Meisterschneider lassen große Webstühle aufstellen, die den ganzen Tag geschäftig »nichts« weben, und sie ziehen sich für Wochen zurück in ihre Werkstatt. Dort schneidern sie angeblich an dem leichtesten, teuersten und edelsten Gewand der Welt. Immer wieder lassen sie sich opulente Vorschüsse für ihre angeblichen Ausgaben bezahlen und täglich die köstlichsten Speisen und Getränke, die die kaiserliche Küche zu bieten hat, darreichen.

Schließlich kommt der große Tag: Die neuen, wunderbaren Kleider sind fertig. Mit pantomimischer Fertigkeit breiten die Scharlatane Hose, Weste, Jacke und Schuhe vor dem Kaiser aus. Sie preisen die Luftigkeit, »diesen Hauch von nichts« und die zarten Farben. Niemand wagt zu widersprechen; denn dann hätte man ja zugegeben, dass man für sein Amt untauglich wäre. Dann schlüpft der Kaiser in die Kleider und steht nun vor dem Spiegel: nackt, beziehungsweise in Unterhosen – aber er sieht es nicht, sondern ist voller Entzücken über das neue Outfit. Seine Diener und engsten Vertrauten sagen nichts: Sie wissen, wie jähzornig ihr Herr sein kann, wenn man ihm widerspricht. Und so loben und applaudieren sie dem fast nackt vor dem Spiegel stehenden Einfaltspinsel.

Eine große Prozession wird angekündigt. Der eitle und einfältige Kaiser will mit seinen neuen Kleidern im offenen Pferdewagen durch die Stadt fahren, sodass das Volk ihm und seiner Erscheinung am Straßenrand huldigen könne. Der Tross setzt sich in Bewegung, und auch das Volk scheint wie verzaubert. »Ooh«- und »Aah«-Rufe begleiten die Prozession. Plötzlich ruft ein kleiner Junge: »Aber der hat ja gar nichts an!« In diesem Moment ist der Bann gebrochen, und das Volk bricht in schallendes Gelächter aus.

Dieses befreiende »Aber der hat ja gar nichts an!« wünschte ich mir oft, wenn wirklich unfähige Menschen sich in der Öffentlichkeit aufplustern, man jedoch merkt: Da fehlt es an vielem, vor allem aber an tatsächlicher Kompetenz.

Fitchers Vogel

Von Haus zu Haus zieht ein armer Bettler – so scheint es. Doch in Wirklichkeit ist es die Maskerade eines Zauberers, der Ausschau nach jungen Mädchen hält, die er rauben möchte. Dabei kommt er auch an das Haus von drei wunderschönen Schwestern, die dort zusammen mit ihren Eltern leben. Auf seinem Rücken trägt der Hexenmeister einen großen Korb. Die älteste der drei Schwestern gibt dem vermeintlichen Bettler ein paar Münzen. Dabei kommt sie in Kontakt mit der Hand des Hexers und wird sofort mit einem Zauber belegt, der sie in den Korb des Entführers zwingt. Dieser trägt sie eilends in sein Haus tief im Wald. Ähnlich wie ein prächtiges Schloss ist dieses Haus eingerichtet. Dort liest der Zauberer seinem Opfer gewissermaßen jeden Wunsch von den Lippen ab.

Eines Tages begibt sich der Hausherr wieder auf einen Beutezug. Er überreicht der Gefangenen einen großen Schlüsselbund. Diese Übergabe ist verbunden mit dem Hinweis, sie dürfe das ganze Haus nutzen, nur das verbotene Zimmer dürfe sie nicht betreten, sonst müsste sie sterben. Als Abschiedsgeschenk überreicht er der Schönen ein goldenes Ei, das sie die ganze Zeit bei sich haben solle. Kaum hat der Zauberer das Haus verlassen, erwacht in ihr die Neugier, und sie kann der Versuchung nicht widerstehen, das verbotene Zimmer aufzuschließen. Dieses verbotene Zimmer erweist sich als regelrechte »Horrorkammer«: In der Mitte steht ein großer Topf, gefüllt mit Blut. Überall liegen abgetrennte Arme und Beine weiblicher Körper herum. Sie erschrickt sich so sehr, dass sie das kostbare Ei fallen lässt. Hastig nimmt sie es wieder an sich und versucht, die Blutspuren an dem Ei abzuwischen. Sie flüchtet aus dem Horrorzimmer und schließt es wieder ab. An den

Blutspuren an dem goldenen Ei erkennt der zurückkehrende Zauberer, dass seine Gefangene offensichtlich der Versuchung nicht widerstehen konnte, den verbotenen Raum zu betreten. Deshalb muss sie sterben. Sie ereilt nun dasselbe Schicksal wie die Mädchen, deren Körperteile sie im verbotenen Zimmer sehen musste.

Nun ist die zweite Schwester an der Reihe: Doch auch sie kann der Versuchung nicht widerstehen, die verbotene Kammer zu betreten, und hat damit ihr Leben verwirkt. Sodann ist nur noch die jüngste Schwester übrig. Auch sie wird von dem Hexer entführt, auch sie brennt vor Neugier, was sich wohl hinter der verbotenen Tür verbirgt. Jedoch legt sie ihr goldenes Ei beiseite, bevor sie sich in den geheimnisvollen Raum begibt. Wie ihre Schwestern sieht sie den großen »Bluttopf« in der Mitte. Dann stockt ihr der Atem; denn sie entdeckt unter den zerlegten Leichenteilen auch die ihrer beiden geliebten Schwestern! Schluchzend, aber gefasst sammelt sie die entsprechenden Körperteile zusammen und ordnet sie einander zu. Sie schafft es, die Körper vollständig zusammenzusetzen. Daraufhin werden die Schwestern wieder lebendig und verstecken sich.

Als der Zauberer nach Hause kommt, erwartet ihn die jüngste Schwester mit dem goldenen Ei in der Hand. Hoch erfreut sieht der Bösewicht keinerlei Blutspuren an ihrem Ei. Daraufhin eröffnet er ihr, sie habe die Probe bestanden, und er wolle sie heiraten. Zum Schein geht sie darauf ein, hat jedoch den Wunsch, dass er gewissermaßen »als Mitgift« einen Korb gefüllt mit Gold zu ihren Eltern tragen solle. Diesen Wunsch erfüllt er ihr, merkt jedoch nicht, dass sich in diesem Korb unter einer Schicht von Goldstücken die beiden wiederbelebten Schwestern befinden, die er auf diesem Weg wieder nach Hause trägt. Die jüngste Schwester bleibt zurück und organisiert ihre Flucht aus dem Horrorhaus. Um vorzutäuschen, dass sie im Haus auf den Zauberer wartet, platziert sie einen verkleideten Totenkopf am Fenster. Sie bestreicht sich zunächst am ganzen Körper mit Honig. Dann wälzt sie sich in einem Berg mit Federn und verkleidet sich so als Vogel. In dieser seltsamen Verkleidung flieht sie aus ihrem Gefängnis. Unterwegs begegnet sie den eingeladenen Gästen, die sich auf dem Weg zu der vermeintlichen Hochzeit befinden. So begegnet sie auch dem Zauberer, der jedoch nicht merkt, was für ein »komischer Vogel« ihm da begegnet. Bei diesen Begegnungen kommt es jeweils zu folgendem Wortwechsel:

»Du Fitchers Vogel, wo kommst du her?«
»Ich komme von Fitze Fitchers Hause her.«
»Was macht denn da die junge Braut?«
»Hat gekehrt von unten bis oben das Haus
und guckt zum Bodenloch heraus.«

Der vermeintliche Bräutigam und die geladenen Gäste begeben sich in freudiger Erwartung einer fulminanten Hochzeit in das Haus des Zauberers. Daraufhin versperren die zusammengerufenen Freunde der Schwestern Fenster und Türen dieses Hauses und zünden es an. Der Hexenmeister und seine Gäste werden so dem grausamen Feuertod preisgegeben.

Dieses Märchen beschreibt vor allem auch, welche Macht ein Verbot hat und haben kann. Ein Verbot ist ein Machtwort; das wird, auch in diesem Buch, an vielen Stellen deutlich.

Giftsätze

»Du bist unerwünscht!«

Manche Kinder bekommen schwere und unheilvolle Machtworte gewissermaßen »mit in die Wiege gelegt«. »Im Grunde warst du ein Unfall, du warst nicht erwünscht, es ist halt so passiert!« ist so ein Satz, der ein Menschenleben negativ prägen und mitunter sogar zerstören kann. Was soll ein kleiner Mensch anfangen mit solch einer brutalen Aussage, die die Mutter oder der Vater, im Zorn oder gar im Suff, dem eignen Zögling entgegenschleudert? Er oder sie kann sich doch nur verkriechen und darauf achten, möglichst unauffällig über die Runden zu kommen. Oder das Kind rebelliert und bricht spätestens in der Pubertät aus. Es lässt dann das unwirtliche Nest so schnell wie möglich hinter sich. »Ich bin nichts wert! Ich war und bin unerwünscht!« Ein Leben unter solch einem Vorsatz, unter solch einem Vorwurf ist schwer zu meistern. Doch wie löst man sich von derartig unheilvollen Vorzeichen?

In seinem Bestseller *Die Magie der Sprache* stellt der Autor Robert Dilts u.a. die kommunikative Methode des Reframings vor: »Reframing bedeutet im NLP (Neuro Lingustisches Programmieren), dass der Inhalt einer Erfahrung oder einer Situation mit einem neuen geistigen Rahmen versehen und dadurch unsere Wahrnehmung der Situation erweitert wird, so dass wir mit ihr klüger und flexibler umgehen können«. Das bedeutet, dass ich als jemand, dem schon sehr früh mit auf den Weg gegeben wurde: »Du bist unmusikalisch!« oder »Du kannst nicht singen!«, den größeren Rahmen betrachten und diesen scheinbar in sich gefestigten Glaubenssatz in Frage stellen kann: »Wie musikalisch bin ich denn im Vergleich zu …?« Ich stelle mich bewusst in einen anderen Kontext und sage mir selbst oder lasse mir zum Beispiel von einem Sänger sagen: »Jeder Mensch kann singen!« Dann stelle ich fest: »Auch ich kann singen, ich kann es sogar trainieren, und wenn ich mit anderen zusammen in einem Chor singe, dann klingt es wunderschön!« Dazu muss ich mich jedoch zunächst einmal von dieser negativen Grundaussage distanzieren – zum Beispiel, indem ich die negativen Aussage »Du kannst nicht singen« durch die positive Aussage aus der Ich-Perspektive ersetze und es wage, laut zu sprechen (wichtig!): »Ich kann singen!«

In seinem Weltbestseller *Anleitung zum Unglücklichsein* gibt der amerikanische Psychologe Paul Watzlawick den Grundratschlag: »Vergleiche dich immer mit den falschen Personen!« Es gibt immer irgendjemanden, dem oder der es besser geht als dir, der mehr Geld zur Verfügung hat und mehr Urlaub machen kann, der oder die das schönere Haus besitzt und die intelligenteren Kinder hat. Da muss man sich nur mal reinsteigern, und im Nu ist die gute Laune dahin. In den Straßen des Ortes, in dem ich lebe, begegnet mir ab und zu ein Mann, etwa in meinem Alter, der sich nach einem Schlaganfall nur noch mühsam mit einem Rollator vorwärtsbewegen kann. Jedes Mal, wenn ich ihn sehe, denke ich: »Das könnte auch ich sein!«

Könnte ich sein

Könnte ich sein,
der da leidet.
Könnte ich sein,
den man schlägt.
Könnte ich sein,
den man meidet,
und den man
in Ketten legt.

Könnte ich sein,
dort in Syrien,
könnte ich sein,
der da flieht.
Könnte ich sein
und das spüren,
was man oft
im Fernsehn sieht.

Könnte ich sein,
ich – ein Hindu.
Könnte ich sein,
wär ich dort.
Könnte ich sein,
was wir sind, du,
bestimmt auch unser
Herkunftsort.

Könnte ich sein,
der kein Brot hat.
Könnte ich sein,
den es friert.
Könnte ich sein,
in der Großstadt,
der die Kälte
ständig spürt.

Könnte ich sein,
doch du schaust weg.
Könnte ich sein,
der dich braucht.

Könnte ich sein,
der im Blindfleck
deines Blickes
still abtaucht.

»Könnte ich sein«,
sagte einer;
könnte ich sein,
den du pflegst.
Könnte ich sein,
hör das Weinen;
denn ich sitze
dir im Weg.[10]

Im Rahmen einer klinischen Seelsorgeausbildung haben wir in unserem Vikariat u. a. auch das Kommunikationsmodell der Transaktionsanalyse (TA), das der amerikanische Psychiater Eric Berne bereits 1964 in seinem Buch *Das Spiel der Erwachsenen* vorgestellt hat, kennen und schätzen gelernt.

Für viele von uns angehenden Pfarrerinnen und Pfarrern war der von Berne und Thomas A. Harris verfolgte Ansatz »Ich bin o. k. – du bist o. k.« fast wie ein Befreiungsschlag, agierten wir doch innerhalb einer liturgischen Sprache, die ständig die Sündhaftigkeit und das »Unwürdigsein« des Menschen im Angesicht Gottes thematisierte. Aus der katholischen Eucharistie-Liturgie kannten wir den weiter oben schon erwähnten Satz: »Herr, ich bin nicht würdig, dass du eingehst unter mein Dach, aber sprich nur ein Wort, so wird meine Seele gesund«, der den Glaubenden immer und immer wieder vorhielt: »Im Grunde bist du nicht würdig, vor Gott zu treten!« – eine Botschaft, die verheerend war und ist, und die diametral zur Liebes- und Versöhnungsbotschaft des Nazareners steht. Allerdings weiß ich aus Gesprächen mit katholischen Geschwistern, dass diese schon sehr früh gelernt haben, Sätze wie diesen eher als Ritual zu verstehen und sich nicht allzu sehr zu Herzen zu nehmen. Ganz im Gegensatz zu so mancher pietistisch geprägten Frömmigkeit, die dem Gläubigen die eigene Sündhaftigkeit immer wieder deutlich macht, um so das Erlösungswerk des Heilands besonders plastisch vor Augen zu führen. Nun einen Ansatz kennenzulernen und einzuüben, der unseren eigenen Wert und den Wert anderer Menschen wahrnahm und wertschätzte, tat zunächst einmal ganz einfach gut. Zumal wir ja als angehende »geistliche Profis« selbst die Frage mit uns herumtrugen: »Bin ich überhaupt würdig, dieses Amt zu übernehmen?« In ihrer Autobiographie *Becoming* ringt die frühere US First Lady Michele Obama durchgehend mit genau dieser Frage: »Bin ich würdig genug? Kann ich das, was von mir erwartet wird, auch erfüllen?«

Viele von uns tragen seit frühester Kindheit und oft, ohne sich dessen bewusst zu sein, gewisse Grundeinstellungen mit sich herum. Einem Kind und Jugendlichen, dem immer gesagt wurde: »Aus dir wird nichts. Aus dir kann gar nichts werden!«, wurde gewissermaßen ein »innerer Stempel« und die damit verbundene Botschaft aufgedrückt: »Du bist nicht okay, alle anderen sind okay!« Minderwertigkeitskomplexe und die Angst, zu versagen, können die Folge sein. Es ist wichtig, sich dessen bewusst zu werden und der Frage nachzugehen: »Wie gehe ich eigentlich mit mir selbst und wie gehe ich mit anderen Menschen um?« und »Welche Botschaften habe ich als Kind mit auf den Weg bekommen?« Aus diesem Bewusstwerden heraus kann ich dann aktiv beginnen, meine Verhaltensmuster zu durchbrechen und zu ändern. Ich kann der Aussage

»Du bist nicht okay, alle anderen sind okay!« mit einem neuen »Mantra« begegnen: »Ich bin okay, und du bist okay!«

»Ich hasse dich und wünschte, ich hätte dich gleich nach der Geburt in der Badewanne ertränkt!«, schrie die Mutter ihre zwölfjährige Tochter an. Daraufhin rannte diese aus dem Elternhaus und versuchte, sich im nahegelegenen Fluss Neckar zu ertränken. Sie wurde rechtzeitig gefunden und lag nun im Krankenhaus. »Das war das erste und einzige Mal, dass meine Mutter mich umarmt hat«, erzählte mir das Mädchen von damals, nun schon im hohen Alter. »Ich habe als Kind unendlich viele Schläge bekommen. Mein Kopf war komplett vernarbt. Den Hass meiner Mutter auf meinen Vater habe ich voll abbekommen. Mein Vater hatte, während meine Mutter mit mir schwanger war, eine Affäre mit einer anderen Frau. Meine Mutter hat das mitbekommen. Seitdem war ich unerwünscht und verhasst und bekam das auch zu spüren. Zärtlichkeit von meiner Mutter kannte ich nicht, nur brutale Zurückweisung. Es tat mir so gut, dass sie mich im Krankenhaus endlich einmal umarmt hat! Danach hat sie mich nie wieder umarmt. Ich weiß heute, dass ich danach noch mehrere Suizidversuche unternommen habe, immer mit dem Wunsch, endlich (wieder mal) umarmt zu werden!« Nach vielen Therapien und erst im Seniorenalter entdeckte sie die Aufforderung Jesu wieder: »Liebe deinen Nächsten wie dich selbst!« »Und ich merkte auf einmal, dass ich mich selbst gar nicht liebe, und dass ich, wenn ich dieser guten und heilsamen Aufforderung Jesu nachkommen möchte, es erst einmal lernen muss, mich selbst anzunehmen und zu lieben.« So wurde für sie, so erzählte sie es mir, dieser biblische Satz zu einem heilsamen Machtwort gegen den »Giftsatz« »Ich hasse dich!«.

In meiner Kindheit und Jugend wurde mir eingetrichtert: »Wir Bittlingers sind handwerklich unbegabt!« Das wurde gesagt und geglaubt. Da wir ja handwerklich unbegabt waren, wurde jeder noch so kleine handwerkliche Auftrag an professionelle Fachkräfte vergeben. Wenn jemand aus unserer Familie daran ging, eine Glühbirne zu wechseln, hielten schon alle den Atem an: »Hoffentlich verletzt er oder sie sich nicht!« Da wir ja handwerklich eh nichts ausrichten konnten, wurde auch nie anständiges Werkzeug besorgt. Im Keller befand sich eine Schublade mit einem wirren Sammelsurium von Zangen, verrosteten Schraubenziehern und Nägeln. Zwar hatten wir mal einen Hammer angeschafft, aber der war nicht (mehr) aufzufinden. Und so haben wir, als es einmal darum ging, ein Bild aufzuhängen, versucht, mit einer Zange einen bereits verbogenen Nagel in die Wand zu schlagen. Es ging schief! Es musste schiefgehen, und der Beweis war wieder einmal vollbracht: »Wir Bittlingers haben zwei linke Hände!« Ein besonderes Drama war der alljährliche Versuch, einen Christbaum aufzustellen. Damals gab es diese praktischen Christbaumständer noch nicht, in die man einfach den Baum hineinstellen und dann mit einer massiven Drahtschlinge und einem einfach mit dem Fuß zu bedienenden Hebelmechanismus fixieren konnte. Nein, es gab nur diese alte Keramikschüssel, in die man ein Eisengestell passgenau platzieren musste. Die Keramikschüssel wurde dann, wenn der Baum »drin« war, mit Steinen und Wasser so beschwert, dass er, wenn alles gut ging, von alleine im Raum stand. Um es gleich vorwegzunehmen: Es ging nie alles gut. Es begann schon damit, dass der Baumstamm unten viel zu dick war und unser Vater (der handwerklich tatsächlich nicht begabt war) mit rotem Kopf und lustlos mit einer rostigen Axt versuchte, an dem Baumstamm so viel Holz zu entfernen, dass wir ihn in das Eisengestell quetschen konnten. Beim anschließenden Versuch, diese Fixierung durch die vorgesehenen seitlichen Schrauben zu verstärken, wurde alle Jahre wieder festgestellt, dass wir zum einen nur einen bedingt passenden Schraubenzieher hatten und dass zum anderen die Gewinde der Schrauben verrostet waren und deshalb nicht mehr griffen. Das ganze Drama endete schließlich damit, dass wir den Baum etwas wackelig aufstellten und dann oben an der Decke mit einer Schnur fixierten (was ja an sich schon wieder eine ziemliche handwerkliche Begabung voraussetzte).

Später, als Jugendlicher und junger Erwachsener, habe ich versucht, diesen »Glaubenssatz« zu durchbrechen, auch weil ich eine handwerklich ziemlich begabte Freundin hatte. Ich war der stolze Besitzer eines hellblauen R4. Ich hatte wenig Geld, und so ging ich daran, mit dem Buch von Dieter Korb *Jetzt helfe ich mir selbst!* zum Beispiel den Auspuff selbst aus- und wieder einzubauen. Das klappte zu meinem Erstaunen einigermaßen. Bei meinem Versuch, die Bremsbeläge selbst zu wechseln, scheiterte ich jedoch kläglich und verursachte ein ziemliches Chaos. Ich hämmerte auf den Bremsbacken herum, bis diese komplett verbogen und unbrauchbar geworden waren. Ein Schaden von 400,– DM war angerichtet. In der ortsansässigen Renault-Werkstatt wurde »mein Werk« kopfschüttelnd begutachtet und der Schaden mit den entsprechenden Kosten behoben. Mittlerweile haben wir gutes Werkzeug, doch noch immer befällt mich ein leichtes Kribbeln, auch wenn es nur darum geht, ein Loch in die Wand zu bohren.

Eine pastoral-spirituelle Methode setzt den negativen »Glaubenssätzen« positive Verheißungen und Zusagen aus der Bibel entgegen. Zum Beispiel: »Fürchte dich nicht; denn ich habe dich erlöst. Ich habe dich bei deinem Namen gerufen, du bist mein!« (Jes 43,1) Dies kann im Rahmen einer seelsorgerlichen Begleitung über einen längeren Zeitraum, bei einer Segnung oder bei einer Tauferinnerung geschehen!

Bei einer Studienreise durch Jordanien kamen wir u.a. auch an der Stelle vorbei, an der Jesus getauft wurde, und nach ihm viele Millionen Christinnen und Christen. Dort haben wir einen kleinen Gottesdienst mit einem Tauferinnerungsritual »gefeiert«. Ich habe mich an eine seichte Stelle des Jordans gestellt. Dann habe ich mit der rechten Hand Wasser aus dem Jordan geschöpft und es in die offenen, zur Schale geformten Hände der Teilnehmerinnen und Teilnehmer fließen lassen. Anschließend habe ich mit dem Wasser ein Kreuz in die rechte Hand gemalt zu den Worten, die auch Jesus bei seiner Taufe hörte: »Siehe, du bist mein geliebter Sohn, meine geliebte Tochter, an der ich Wohlgefallen habe!« Manche waren dabei so ergriffen, dass sie anfingen zu weinen.

Bei einem Nachtreffen zu dieser Studienfahrt, bei der wir wirklich großartige Dinge wie die Felsenstadt Petra zu sehen bekommen hatten, war die einhellige Meinung der Teilnehmenden, dass diese Tauferinnerung am Jordan für sie der schönste und wichtigste Moment der Reise gewesen sei.

Manchmal
denken wir:
Vielleicht war ich
gar nicht erwünscht!
Vielleicht
war meine Geburt
ein Versehen!

Erwünscht
war deine Geburt
in jedem Fall –
von Gott.

Unter Millionen
von Bewerbungen
wurde deine
auserwählt,
wurde dir
allein
das Leben
geschenkt.

Du bist ein Wunschkind!

Pass auf, kleines Auge, was du siehst …

Das Bild eines strafenden und moralisch streng mein Leben überwachenden Gottes hatte ich zum Glück niemals. In meinem Buch *Du siehst mich* (2017) habe ich das ausführlich geschildert. Ganzen Generationen von Eltern und Kindern wurde das Gottesbild von einem strengen und wachenden Gott auferlegt. Es gibt negative Machtworte, die uns gewissermaßen »mit in die Wiege gelegt« wurden, und die uns unter Umständen unser Leben lang prägen und beeinflussen: Gott als Richter, als einer, der genau Buch führt über unser Leben, und der am Ende meiner und unser aller Tage mich womöglich der ewigen Verdammnis preisgibt. Solch ein »Überwacher« wurde über Jahrhunderte hinweg gerne als Legitimation für jegliche Spielarten der »Schwarzen Pädagogik« hinzugezogen. Ein scheinbar harmloses Kinderlied spielte dabei eine zentrale und gleichzeitig verheerende Rolle:

Pass auf, kleines Auge, was du siehst!
Pass auf, kleines Auge, was du siehst!

Denn der Vater im Himmel
schaut herab auf dich;
drum pass auf, kleines Auge, was du siehst!

Anstatt dem Kind hoffnungsvolle Entdeckerneugierde ans Herz zu legen, wird hier nur gewarnt – und das in einer Welt, die von so vielen Bildern geprägt ist. Für alle Verse dieses Liedes sei gesagt: »Angst ist kein guter Berater und auch keine gute Brille, um die Schönheit des Lebens zu erkunden!«

Pass auf, kleines Ohr, was du hörst!
Pass auf, kleines Ohr, was du hörst!
Denn der Vater im Himmel
schaut herab auf dich;
drum pass auf, kleines Ohr, was du hörst!

Ein Gott, der auf dich herabschaut und der offensichtlich sagt: »Ich bin okay, aber du bist es ganz und gar nicht; du bist verdorben und leicht verführbar. Deswegen muss ich dich kontrollieren und überwachen«, solch ein Gottesbild macht krank. Längst ist der Fachbegriff »ecclesiogene Neurosen« (kirchlich bewirkte psychische Störungen) zu einem traurigen Phänomen in vielen Psychotherapiepraxen geworden.

Pass auf, kleiner Mund, was du sprichst!
Pass auf, kleiner Mund, was du sprichst!
Denn der Vater im Himmel
schaut herab auf dich;
drum pass auf, kleiner Mund, was du sprichst!

Die Schule der Schwarzen Pädagogik ist voll von absurden Beispielen, wo Kinder, denen ein Schimpfwort im Affekt entfahren ist, gezwungen wurden, sich mit Kernseife den Mund auszuwaschen und -zuspülen und so die durch »die böse Rede« entstandene Verunreinigung wie in einem Ritual wegzuspülen.

Pass auf, kleine Hand, was du tust!
Pass auf, kleine Hand, was du tust!
Denn der Vater im Himmel
schaut herab auf dich;
drum pass auf, kleine Hand, was du tust!

Pass auf, kleiner Fuß, wo du gehst!
Pass auf, kleiner Fuß, wo du gehst!
Denn der Vater im Himmel
schaut herab auf dich;
drum pass auf, kleiner Fuß, wo du gehst!

Pass auf, kleines Herz, was du glaubst!
Pass auf, kleines Herz, was du glaubst!
Denn der Vater im Himmel
schaut herab auf dich;
drum pass auf, kleines Herz, was du glaubst!

Pass auf, kleines Ich, werd' nicht groß!
Pass auf, kleines Ich, werd' nicht groß!
Denn der Vater im Himmel
schaut herab auf dich;
drum pass auf, kleines Ich, werd' nicht groß!

Es handelt sich hierbei um ein ganzheitlich krankmachendes Menschen- und Gottesbild. Ganzheitlich deshalb, weil es akribisch die einzelnen Körperteile als Gefahrenzonen verunglimpft und so ein in sich gekrümmtes, verängstigtes Menschsein propagiert, das von einem allmächtigen, allpräsenten und alles überwachenden Gott kontrolliert und bestraft wird. Als besonders perfide empfinde ich den letzten Vers; denn er fordert genau das Gegenteil von dem, was uns die befreiende Botschaft Jesu ans Herz legt. Es ist für jeden Menschen ja eine geradezu spannende und aufregende Lebensaufgabe, Stück für Stück die Originalität zu entdecken, die Gott in uns hineingelegt hat.

Die Diagnose

»Die Untersuchungen haben leider ergeben, dass Sie eine schlimme Augenkrankheit haben und langsam, aber sicher mehr oder weniger erblinden werden!« Schockiert vernahm ein befreundeter Musiker diese Diagnose. Ein Befund, der alles änderte und das künftige Leben in einem ungeahnten Ausmaß in Frage stellte. Wie ein dunkler Schatten legte er sich auf die Stimmungen, Träume, Gedanken und Gespräche. »Alles dreht sich im Moment nur noch um diese düsteren Aussichten!«, gestand er mir einmal. Der Schatten, vor allem auf seinem rechten Auge, schien immer größer zu werden. Hin und wieder schloss er die Augen und berührte die Tasten seines Flügels, probierte aus, wie es sich wohl anfühlen würde, als erblindeter Pianist zu spielen und auch öffentlich aufzutreten. »Auf einmal war ich dankbar für etwas, was ich die letzten Jahrzehnte für selbstverständlich gehalten hatte, nämlich für meine Augen, für das Wunder, sehen zu können«, hörte ich ihn sagen – und dann traurig weiter: »Wenn ich mir vorstelle, dass das alles auf einmal vorüber sein soll, dass die Welt um mich herum nach und nach verblasst, dann erfasst mich eine tiefe Traurigkeit, und ich muss aufpassen, dass ich nicht depressiv werde.«

Eine Diagnose ist ein Machtwort, das verkündet: »Das Leben, so wie du es bisher kanntest, geht dem Ende zu. Bereite dich auf andere und schwerere Zeiten vor!« Jeder und jede, der oder die mit einer plötzlichen Diagnose konfrontiert wird, spürt, wie diese machtvoll das Herz umklammert, und wie sich Angst und Trauer in einem breitmachen. Dann braucht man Menschen um sich, die einem helfen, die das alles mittragen, und die einem das Gefühl geben: »Du bist nicht allein! Wir schaffen das gemeinsam!« Machtsätze gegen den großen »Giftsatz« eines negativen Befundes! Die Diagnose, zu erblinden, erwies sich bei meinem Freund zum Glück als Fehldiagnose und eine akute Verschlechterung seiner Sehfähigkeiten als pure Einbildung aufgrund des Arztbriefes. Aber es zeigt, wie wir uns durch eine negative Aussage so sehr irritieren lassen (können), dass wir uns in eine Krankheit hineinsteigern, die so gar nicht existiert.

Störungen haben Vorrang

»Störungen haben Vorrang!« Dieser Satz von Ruth Cohn begleitet mich schon sehr lange. Er stimmt einfach. Ruth Cohn, die Begründerin der Themenzentrierten Interaktion (TZI), sagt über ihre Methode: *»Ich möchte Menschen, die all dieses Leid nicht wollen, ermutigen, nicht zu resignieren und sich ohnmächtig zu fühlen, sondern ihre Vorstellungskräfte und Handlungsvermögen einzusetzen, um sich solidarisch zu erklären und zu verhalten, solange wir selbst noch autonome Kräfte in uns spüren. – Das ist das Eigentliche, was ich mit TZI möchte.«*

Egal ob in einer Ehe, einer Familie, einer Gemeinde oder einer Reisegruppe: Überall gibt es Konflikte und zwischenmenschliche Probleme, die man nicht einfach »unter den Teppich kehren« sollte. Denn wenn man allzu viel unter den Teppich kehrt, entsteht irgendwann ein »Hubbel«, über den dann alle ständig stolpern, ohne wirklich zu wissen, was eigentlich das Problem ist oder war.

Um des lieben Friedens willen
meiden wir den Streit.
Um des lieben Friedens willen
bleiben wir zu zweit.
Um des lieben Friedens willen:
nur kein falsches Wort!
Um des lieben Friedens willen
bleiben wir halt fort.

Doch den »lieben Frieden«
gibt es leider nicht.
Nur das dumpfe Schweigen
liegt wie eine Schicht

über alten Wunden,
über der Vergangenheit;
doch darunter brodeln
Angst, Gewalt und Streit.

Um des lieben Friedens willen
schließ' die Augen zu!
Um des lieben Friedens willen
schweige auch dazu!
Um des lieben Friedens willen
lass das Gestern ruh'n!
Um des lieben Friedens willen
such dir was zu tun!

Um des lieben Friedens willen
gib uns keine Schuld!
Um des lieben Friedens willen
üb' dich in Geduld!
Um des lieben Friedens willen
lerne zu versteh'n!
Um des lieben Friedens willen
lerne wegzuseh'n!

Um des lieben Friedens willen
halte dich korrekt!
Um des lieben Friedens willen
wird jetzt abgespeckt.
Um des lieben Friedens willen
stimmen wir dir zu.
Um des lieben Friedens willen
lass' uns dann in Ruh'!

Bei einem Auto leuchtet einem dieses Machtwort »Störungen haben Vorrang!« sofort ein. Wenn der Wagen nicht anspringt, ich aber einen wichtigen Termin habe, dann muss ich mich als Erstes um den Defekt kümmern. Alles andere ist dann erst einmal nachgeordnet. Ich rufe meine Werkstatt oder den ADAC an und suche mir Hilfe, die den Schaden erkennen und beheben kann. Ich verschiebe dann alles andere und plane um, bis der Pkw wieder funktioniert. Bei einem Schlaganfall oder bei einem Herzinfarkt ist auch klar, dass man sofort handeln muss, um Schlimmeres zu vermeiden. Bei meiner Ausbildung zum Kommunikationswirt haben wir eigentlich nichts anderes gemacht, als das sogenannte Sechs-Phasen-Modell einzuüben. Die ersten beiden Phasen heißen »Bestandsaufnahme« und »Analyse«. Wir haben dann im Team unsere »Skills« trainiert, indem wir mit einer real existierenden Institution, einem Freizeitheim oder einem Verein deren Wunsch nach mehr Effektivität und einer guten Außenwirkung aufgegriffen und »bearbeitet« haben. Dabei stellte sich in der Regel heraus, dass interne Störungen vorlagen, zum Beispiel im Bereich der internen Kommunikation, die aber nicht aufgedeckt und angesprochen werden durften. Sehr oft ging es dabei auch um das Thema Wertschätzung. Unsere Aufgabe bestand nun darin, diese Störungen anzusprechen und unserem Gegenüber klarzumachen: Erst wenn diese internen Störungen behoben sind, macht es Sinn, über Dinge wir Corperate Identity (CI) und Corperate Design (CD) nachzudenken.

Als Gemeindepfarrer durfte ich regelmäßig Hausbesuche machen. Besonders gerne bin ich zu 50- oder 60-jährigen Ehejubiläen gegangen. Da habe ich dann regelmäßig die Jubelpaare gefragt: »Was ist das Geheimnis einer solch langen, engen Beziehung?« Zunächst wurde gelacht oder geschmunzelt. Dann kam sehr oft die Antwort: »Leben und leben lassen.« Oder: »Man muss nicht jede Macke des Anderen immer wieder thematisieren, sondern lernen, damit zu leben!« Einmal sagte mir ein älterer Herr: »Jeder Mensch hat und macht Fehler oder hat schwache Seiten. Wenn man die kennt, sollte man die Partnerin nicht provozieren und auf den Schwachpunkten herumreiten, sondern sie liebevoll behandeln (und unter Umständen vor sich selbst bewahren)!« Hier bekommt dieses »Störungen haben Vorrang!« auf einmal etwas sehr Heilsames. Wenn mein Gegenüber merkt, ich will ihn oder sie nicht verletzen, sondern eher schützen, können sich aufgestaute Konflikte gut und konstruktiv auflösen.

Alle Jahre wieder in der Weihnachtszeit, wenn die Großfamilie anreist, knistert es im Beziehungsgebälk. Wenn man Störungen dann nicht anspricht und vielleicht im Einzel- und Zweiergespräch Stück für Stück angeht, kann es ein sehr verkrampftes »frohes Fest« werden, bei dem bestimmte Dinge nicht angesprochen werden dürfen. Wenn wir jedoch unter der Prämisse »Du bist okay, ich bin okay!« Konflikte behutsam und vielleicht erst im kleinen Kreis ansprechen, kann es ein wirklich frohes und versöhnendes Weihnachtsfest werden. Allerdings gibt es Zeitgenoss*innen, die lieber unversöhnt und rechthaberisch bleiben und leben. Da kann ich zwar die Störung ansprechen, aber ich werde zu keiner Lösung kommen. Da steht dann wahrscheinlich irgendwann auf einem Grabstein: »Sie (oder er) hatte Recht!«

Die Macht der Bilder

Im September 2015 ging das Bild eines toten Jungen um die Welt, der »wie Treibgut angespült« tot an einem türkischen Strand lag. Der drei Jahre alte Aylan Kurdi wollte mit seiner Familie auf einem Boot dem Krieg in Syrien entkommen – vergeblich. *»Der Strand. Die sanfte Welle, die über die Kiesel rollt. Der kleine Körper: Es ist ein Bild, von dem man sich abwendet. Es ist ein Bild, von dem man sich nicht losreißen kann. Entsetzlich und endgültig ist die Stille, die von ihm ausgeht. Der Junge liegt da, mit seinen Turnschuhen, blauer Hose, rotem Hemd. Der Arm seitlich angelegt, der Kopf dem Meer zugewandt, allein. Das Wort drängt sich auf: mutterseelenallein«* (Der Tagesspiegel, 3.9.2015).[11]

Bilder können eine unglaubliche Macht entfalten und uns im wahrsten Sinne des Wortes fesseln. Das Bild von dem kleinen toten Aylan gehört für mich zu einem dieser Bilder – es lässt mich nicht mehr los. Und es hat eine emotionale Kehrtwende innerhalb der europäischen Flüchtlingspolitik bewirkt. Allein aufgrund dieses einen Fotos haben viele Menschen gespürt und begriffen: Wir können nicht einfach tatenlos zusehen, wie sich das *mare nostrum* (unser Meer), das geliebte Mittelmeer, zu einem Massengrab für verzweifelte Menschen entwickelt.

Es waren die entsetzlichen Bilder von völlig überfüllten Krankenhäusern in Norditalien im Frühjahr 2020, von sich stapelnden Särgen, von älteren Menschen, die es scheinbar dahinraffte wie die Fliegen, und Bilder von völlig übermüdetem Klinikpersonal, das vergeblich, so wie Sisyphus sich einst mit dem Felsbrocken mühte, dem Coronavirus Einhalt zu gebieten versuchte. Solche Bilder machten bei uns erst den harten Lockdown im März 2020 möglich. Die Bilder, die wir zuvor aus Wuhan (China) gesehen hatten, haben uns längst nicht so berührt. Zum einen, weil China weit weg war, und zum anderen, weil diese Bilder ja bewusst ausgewählt worden waren, um zu zeigen: »Wir haben alles im Griff.« Und so bekamen wir städtische Mitarbeiter*innen in großen Schutzanzügen zu sehen, die die Straßen und Plätze ihrer Stadt großflächig mit Infektionsmittel besprühten. Das war blinder Aktionismus, wie wir heute wissen, und die Bilder sollten die Menschen beruhigen: »Schaut her, wir kümmern uns! Wir bannen (mit unserer Kübelspritze) die Gefahr.«

Mitten im Wahlkampf unterlief dem Kanzlerkandidaten der CDU, Armin Laschet, ein riesiger Fauxpas , als er am 17. Juli 2021 im nordrhein-westfälischen Erftstadt hinter dem ernste Worte der Betroffenheit formulierenden Bundespräsidenten stand und lachend abgelichtet wurde. Mit diesem Foto war seine Kanzlerkandidatur gewissermaßen gelaufen. Dieses Bild entwickelte in den folgenden Wochen solch eine Macht, dass sich das Image von Laschet nicht mehr reparieren ließ.

Und so ist auch jeder Krieg ein Wettkampf der Bilder. Denn über Bilder lassen wir uns am ehesten beeindrucken. Wenn es um einen »Krieg der Bilder« geht, dann wurden im Ukraine-Konflikt die beiden mürrisch dreinblickenden Altherren Sergei Wiktorowitsch Lawrow (russischer Außenminister) und Wladimir Putin (russischer Autokrat) von einem telegenen und PR-erfahrenen Wolodymyr Selenskyj (Ministerpräsident der Ukraine) und dem Box-Weltmeister-Duo Vitaly und Wladimir Klitschko gleich in der ersten Runde medial eindeutig k. o. geschlagen.

Ein Bild, das sich tief in meine Erinnerung eingegraben hat, ist der »Atomdom« in Hiroshima. Am Morgen des 6. August

1945 ließen die Streitkräfte der USA die Atombombe »Little Boy« aus einer Höhe von 9470 Metern auf die japanische Stadt Hiroshima fallen und verursachten so den Tod von rund 60.000 Menschen (22.000 starben sofort und 39.000 innerhalb der nächsten vier Monate). Im Rahmen einer Studienreise hatten wir, als Familie, die Gelegenheit, auch den Friedenspark von Hiroshima zu besuchen. Wir waren nachhaltig schockiert und beeindruckt von der Art und Weise, wie hier an dieses ungeheuerliche Ereignis erinnert wurde. Und immer waren es Bilder und Gegenstände, die haften blieben. Besonders lange stehen geblieben sind wir jedoch auch an einem Hoffnungsbild. Wir nannten es den »Kranichpavillon« (das Friedensmonument der Kinder). Dieser war geschmückt mit Tausenden von gefalteten Pergamentkranichen. Folgende wahre Geschichte wurde und wird dazu erzählt:

Zwei Jahre war das Mädchen Sadako Sasaki alt, als die Atombombe auf Hiroshima fiel. Der Ort, an dem sie lebte, war zwei Kilometer vom Zentrum der Detonation entfernt. Obwohl die meisten Menschen in ihrer Nachbarschaft starben, wurde sie zumindest äußerlich in keiner Weise verletzt. Sadako verbrachte eine ganz normale, glückliche Kindheit. Eines Tages jedoch – sie besuchte die siebte Klasse – fühlte sie sich nach einem sportlichen Wettkampf in ihrer Schule eigenartig müde und konnte nur schwer ihr Gleichgewicht halten. Diese erste Übelkeit und dieser vorübergehende Schwindelanfall waren leider Vorboten für eine tödliche Diagnose. Nur kurze Zeit später brach Sadako, während sie zur Schule ging, zusammen. Ihre Schulkameradinnen sagten ihrem Lehrer Bescheid, der dafür sorgte, dass ihre Eltern informiert wurden und das Mädchen zur Überwachung ins Krankenhaus kam. Die eingehenden Untersuchungen ergaben, dass Sadako an Leukämie erkrankt war. Leukämie wurde in dieser Zeit als die »Atombomben-Krankheit« bezeichnet. Voller Angst nahmen Sadako und ihre Eltern diese Nachricht auf. Sadako wollte nicht, wie viele andere, die aufgrund der radioaktiven Strahlungen auch Jahre später noch erkrankt waren, sterben. Das Krankenhaus war nun ihr »neues Zuhause«. Eines Tages besuchte sie ihre beste Freundin Chizuko und breitete ein paar Blätter Pergamentpapier vor ihr aus. Dann erzählte sie ihr die Legende von den in Japan als heilig verehrten Kranichen: »Wenn ein Mensch, der oder die an einer Krankheit leidet, 1000 Kraniche faltet, wird er oder sie gesund!« Wer an einer schlimmen, tödlichen Krankheit leidet, klammert sich an jeden Strohhalm, und deshalb machte sich Sadako daran, die 1000 Origami-Kraniche zu falten. Sie ging mit solchem Eifer ans Werk, dass sich ihre Familie ernsthafte Sorgen machte. 500 Kraniche hatte sie schon gefaltet, da hatten sie und die Ärzte den Eindruck, dass es ihr besser ging. Sie durfte für kurz nach Hause. Aber bald schon kehrten die Symptome der Krankheit wieder zurück, weshalb sie wieder ins Krankenhaus kam. Ihre letzten Tage waren von Schwindel, Übelkeit und heftigen Schmerzen geprägt. Trotzdem strahlte sie bis zum bitteren Ende Freude und Hoffnung aus. 644 Papierkraniche hatte Sadako gefaltet, als sie umringt von ihrer Familie friedlich im Krankenhaus für immer einschlief. Ihre Schulkameradinnen und Schulkameraden verarbeiteten ihre Trauer um Sadako, indem sie ihr zu Ehren einen Papierkranichclub gründeten. Daraus entstand eine weltweite Bewegung. Etwa drei Jahre nach ihrem Tod war genug Geld zusammengekommen, dass mitten im Friedenspark in Hiroshima das »Friedensmonument der Kinder« aufgebaut werden konnte. Auf dem Sockel dieses Monuments steht:

> »Dies ist unser Ruf, dies ist unser Gebet: Frieden in der Welt!«

Jedes Jahr senden Kinder aus aller Welt nun Tausende von Origami-Kranichen nach Hiroshima, wo sie das Friedensmonument der Kinder zieren.

Mit der Auszeichnung »UNICEF-Foto des Jahres« prämiert UNICEF-Deutschland seit dem Jahr 2000 Fotos und Fotoreportagen, die die Persönlichkeit und die Lebensumstände von Kindern weltweit auf herausragende Weise dokumentieren. Im Jahr 2021 gewann der Fotograf Supratim Bhattacharjee den Wettbewerb mit dem Foto eines Mädchens in den indischen Sundarbans, dessen Zuhause durch einen schweren Zyklon und Überschwemmungen infolge von Klimawandel und Umweltzerstörung vernichtet wurde. Ein grausam-schönes Bild! Die Art und Weise, wie einen das Mädchen anschaut, das das Wenige, worauf sie ihre Zukunft gebaut hatte, nun mit den reißenden Fluten auch noch verloren hatte, ging mir durch Mark und Bein. Bilder sagen oft so viel mehr als ein Bericht oder eine Erzählung. Bilder können Machtworte sein.

Manchmal laufen wir ja durch eine Ausstellung und bleiben ratlos vor einem Gemälde stehen und denken: »Das sagt mir gar nichts!« Wir erwarten, dass uns ein gutes Bild etwas sagt, dass es gewissermaßen zu uns spricht. In der Weihnachtsgeschichte hören wir alle Jahre wieder:

> *»Als die Engel von ihnen in den Himmel gegangen waren, sagten die Hirten zueinander: ›Lasst uns nach Betlehem gehen und sehen, was geschehen ist, und was der Herr uns kundgetan hat!‹ Sie kamen eilends hin und fanden Maria und Josef und das Kind, das in der Krippe lag. Als sie es sahen, berichteten sie von dem Wort, das ihnen über dieses*

Kind gesagt worden war. Und alle, die es hörten, wunderten sich über das, was ihnen von den Hirten erzählt wurde.« (Lk 2,15–18)

Die Hirten haben etwas gesehen, was ihnen unglaublich viel gesagt hat. Sie hatten von den himmlischen Boten vernommen: »Euch ist heute der Heiland geboren!« Dann waren sie den Zeichen gefolgt und standen nun vor diesem Futtertrog, in dem angeblich der Retter der Welt liegen sollte. Sie haben jedoch nichts anderes als ihre Alltagswelt vorgefunden: einen Stall, einen Futtertrog (genannt Krippe), ein erschöpftes, aber glückliches Paar und ein Baby. Da erkannten sie: Der Heiland kam zuallererst direkt hinein in ihre Welt. »Euch ist heute der Heiland geboren!« – Das war nicht einfach nur so ein Spruch. Nein: Das konnten sie nun sehen, hören und riechen, mitten in ihrer Welt. So wurde manches Hirtenkind geboren: draußen im Freien, provisorisch in eine Krippe gelegt, weil es sonst nichts gab. Das war die Botschaft, die sie hörten. Das Kind hat ja nicht zu ihnen gesprochen. Es war das, was sie sahen und was sie erlebten, was ihnen deutlich machte: Gott, der Schöpfer des Universums, kommt als kleines hilfloses Kind in unsere Welt, nicht in einen fernen Palast, nicht in eine Wohlstandsvilla, sondern ganz unten in der Gesellschaft siedelt er sich an und beginnt seinen Weg der Liebe und des Friedens. Wir sind nicht verloren, wir sind nicht vergessen, wir sind die ersten Adressaten einer Botschaft, die später in Worten münden sollte wie: »So werden die Letzten die Ersten sein und die Ersten die Letzten« (Mt 20,16). Das war eine gute Nachricht nicht nur für die Hirten, sondern für das ganze Volk. Eine Gesellschaft ist doch immer so stark, wie sie die Ärmsten und Schwächsten mitnimmt und berücksichtigt.

Auch die Weisen aus dem Morgenland haben etwas gesehen, was sie so sehr angesprochen hat, dass sie sich auf den Weg gemacht haben – auf eine weite, mühsame Reise. Sie haben ein Bild, eine Planetenkonstellation entdeckt und gedeutet.

»Man kann nicht nicht kommunizieren.« – Das ist einer der Leitsätze des amerikanischen Psychologen Paul Watzlawick, der bedeutet: Auch, wenn ich den ganzen Abend in einer Gesellschaft vor mich hin schweige, mache ich eine Aussage, und wenn ich dann womöglich den ganzen Abend mit verschränkten Armen dasitze, erst recht. Unsere Körpersprache sagt oft mehr als das, was wir verbal von uns geben. Ein indisches Sprichwort sagt: *»Ich kann deine Worte nicht hören; denn deine Taten schreien so laut!«*

»You don't need to be perfect, but be connected!« »Du musst nicht perfekt sein, aber sei verbunden (mit den Menschen, mit denen du zu tun hast)!«, hat der amerikanische Franziskanerpater Richard Rohr einmal gesagt. Diese Verbindung zum Anderen, zur Anderen ist in der Regel nonverbal, ohne große Worte. Sie zeigt sich in Gesten, in meiner Körperhaltung, in meiner Bereitschaft zuzuhören und in der Art und Weise, wie wir einander ansehen. Vielleicht war es das, was die Hirten so beeindruckt hat, als sie in diesem höhlenähnlichen Raum standen, das Kind sie angesehen hat und sie auf einmal eine tiefe Verbindung gespürt haben. Da war nichts perfekt, aber die Verbindung war da, und diese brachte mehr als tausend Worte zum Ausdruck. Das hat auch Maria gesehen, gespürt und gehört. *»Maria aber bewahrte alle diese Worte und erwog sie in ihrem Herzen«* (Lk 2,19). Von Anfang an war die nonverbale Kommunikation eines der herausragenden Elemente der Verkündigung Jesu.

Jesus heilte, und dann lesen wir: Jesus sah ihn oder sie an, baute gewissermaßen eine innere Verbindung auf; Jesus setzte sich in einer besonders brenzligen Situation auf den Boden und malte etwas in den Sand; und Jesus berührte: Freunde und Verwandte brachten einen Blinden zu Jesus mit der Bitte, er möge ihn anrühren (vgl. Mk 8,22–26). Scheinbar eilte Jesus der Ruf voraus, dass er, wenn er Menschen berührte, diese heilen könne. Und Jesus berührte den Blinden, indem er ihn an die Hand nahm und hinaus vor das Dorf führte. Er führte ihn an einen Ort der Ruhe, abseits, weg von dem Trubel. Das heißt, die erste Berührung Jesu ist scheinbar noch keine heilsame Berührung. Wenn wir uns das für unsere Zeit heute bildlich vorstellen, ist es aber vielleicht doch eine erste heilsame Berührung, nämlich die, mit der uns jemand an die Hand nimmt und gewissermaßen anleitet, wie wir zur Ruhe kommen können. Jesus geht mit dem Kranken einen Weg in die Stille. Hand in Hand gehen sie und bleiben auf diese Weise in Verbindung. Wenn du einem blinden Menschen begegnest, dann frag ihn oder sie, ob du sie berühren darfst, und dann gib ihm die Hand oder berühre sie am Arm, sodass sie dich lokalisieren und eine Verbindung zu dir aufbauen können.

Jesus führt ihn wortlos hinaus. Erst dort »vor dem Dorf« kann Jesus ihn heilend berühren. »Jesus spuckt in seine Augen«, dann legt er ihm die Hände auf und fragt: »Was siehst du?« Das Besondere an dieser Begegnung ist ja, dass sie bis zu dem Zeitpunkt, an dem Jesus den Blinden befragt, gänzlich nonverbal geschieht. Es wird nicht geredet, sondern Jesus führt, spuckt und legt die Hände auf – er handelt, und er bricht sein Schweigen nur, um den Fortschritt der Heilung zu erfragen. Der Mann erklärt ihm, dass er zwar schon etwas sehen kann, aber eben verschwommen: *»Ich sehe Menschen* *umhergehen, als sähe ich Bäume.«* Da berührt ihn Jesus zum zweiten Mal und legt ihm nochmals die Hände auf die Augen: *»Da sah er scharf und war wieder gesund und sah alles ganz deutlich«* (Mk 8,25).

Dieses »von Jesus Angerührt- oder Berührtwerden« hatte sicherlich auch etwas mit dem Segen, der von ihm ausging, zu tun. Auch Kinder wurden zu Jesus gebracht, damit er ihnen die Hände auflegte und sie segnete. Der Evangelist Markus erzählt uns eine Episode, wo die Erwachsenen ihre Kinder zu Jesus bringen wollten (Mk 10,13–16), und die Jünger versuchten, wie Bodyguards ihren Meister abzuschirmen, so ganz nach dem Motto *»Für so einen Kleinkram hat Jesus keine Zeit!«*. »Die Jünger schimpften mit ihnen (den Erwachsenen)«, liest man da. Es ist schon erstaunlich, was sich Menschen, die sich mit Jesus vertraut fühlen, bis heute herausnehmen und in seinem Namen verkünden. Wir stehen manchmal in der Gefahr, genau das Gegenteil von dem zu predigen, was Jesus eigentlich will und gewollt hätte. Denn als Jesus mitbekam, wie seine engsten Vertrauten versuchten, die Eltern mit ihren Kindern abzuwimmeln, konnte er es kaum ertragen (»äganaktäsen«: Luther übersetzte es mit »Er wurde unwillig«, aber eigentlich ist »Er konnte es kaum ertragen« die richtigere Übersetzung) und rief: *»Lasst die Kinder zu mir kommen und weist sie nicht zurück; denn ihnen gehört das Reich Gottes! Die Wahrheit ist: Wer nicht zurückfindet zu einer Ursprünglichkeit, wie Kinder sie haben, wird niemals erfahren, was es heißt, ein Kind Gottes zu sein«*. (freie, sinngemäße Übertragung)

Kinder haben bis zu einem gewissen Alter noch dieses Urvertrauen. Sie verlassen sich unbedingt auf ihre Beziehung zu ihren Eltern. Dieses Urvertrauen, dieses absolute Sich-verlassen-Können auf den Vater oder die Mutter, nimmt Jesus als Vorbild für den Glauben: »Wenn ihr nicht werdet wie die Kinder ...«

Und nun war da dieses Bild vom Kind in der Krippe, im Stall mit den Eltern, und die Hirten ließen sich anrühren und ahnten auf einmal: Da lag ein Kollege im Futtertrog! Einer, der später von sich selbst einmal sagen würde: »Ich bin der gute Hirte; ich bin kein Mietknecht, sondern ich komme in mein Eigentum, um die aufzusuchen und zu finden, die verloren sind.« Und er nahm damit Bezug auf einen der bekanntesten und schönsten Texte der Bibel: »Der Herr ist mein Hirte ...« (Ps 23), ein Gebet voll nonverbalen Geschehens: Wir werden fast wie an Weihnachten mit Essen und Trinken versorgt, wir werden geführt, gehalten und getröstet, wir werden aufgebaut, gesalbt und erfahren Geborgenheit. Dieser gute Hirte sagt von sich selbst: »Der gute Hirte lässt sein Leben für die Schafe!« (Joh. 10,12), und so ist das Kreuz von Golgatha das mächtigste Bild, durch das Jesus über die Jahrtausende zu uns spricht.

Das hatten die Hirten gesehen, gerochen, gefühlt und gehört, schon in diesen ersten Tagen. Das war und ist die frohe Botschaft, die seitdem hinausklingt in unsere Herzen und in die ganze Welt.

Dieses Kreuz, vor dem wir stehen,
setzt ein Zeichen in die Welt,
dass sich auch, wenn wir's nicht sehen,
Gottes Geist zu uns gesellt,
uns bestärkt in schweren Zeiten,
trostvoll uns zur Seite steht
und bei allen Schwierigkeiten
unsern Kreuzweg mit uns geht.

Dieses Kreuz, auf das wir sehen,
es erinnert uns daran:
Wenn wir denken, wir vergehen,
fallen wir in Gottes Hand.
Solchen Grund kann niemand legen,
niemand stieg so tief hinab.
Und am Ende aller Wege
auferstand er aus dem Grab.

Dieses Kreuz will uns beleben,
deutet in die Ewigkeit.
Und im Glauben spür'n wir eben
ein Haus Unendlichkeit.
Nicht der Tod ist mehr das Ende,
es geht weiter, ganz gewiss,
und das Kreuz steht für die Wende,
dass die Liebe stärker ist.

Belangloses Wortgeplänkel (Ohnmachtsworte)

»Zoom« – dieses Wort hatte ich schon mal gehört:
»Tausend und eine Nacht, und es hat ›Zoom‹ gemacht«,
sang Klaus Lage vor langer Zeit.
Eine Kamera hat einen Zoom, mit dem man die
Motive, die man filmen oder fotografieren will,
»näher heranholen«, also vergrößern kann.
Das war dann fast schon Spezialwissen!
Doch nun, seit Corona, ist »Zoom« in aller Munde:
Wir verabreden uns zu Zoomkonferenzen,
fahren nicht mehr endlos durch die Gegend,
stehen nicht mehr im Stau und schonen somit
auch die Umwelt – tolle Sache, dieses Zoom!
Albrecht hat eingeladen zu einer Zoomkonferenz.
Er habe das noch nie gemacht, also er sei noch
nie Einladender, also »host« gewesen, aber
jedem Anfang wohne schließlich ein Zauber inne,
und deshalb habe er den zehn Teilnehmenden
einen Link gemailt, mit dem diese sich
nun einloggen könnten.
Vor 30 Jahren hätte dieser Satz, mit diesen
drei völlig neuen Wörtern »Link«, »Mail« und »einloggen«
ratloses Kopfschütteln hervorgerufen, aber
wir sind nun alle »Digitals« und folgen dem Link.
Erwartungsvoll klicke ich
auf den Zoom-Link von Albrecht.
Und nichts geschieht, oder doch? Ich lande in einer Art
digitalem Wartezimmer, in dem ich ausharren muss,

bis der Wirt, der Host also, mich eintreten lässt.
Meine Wartezeit vertreibe ich mir damit, dass ich den diversen Aufforderungen des Zoomprogramms Folge leiste und meine Kamera und meinen Ton überprüfe.
Schließlich tut sich etwas. Ich werde gefragt, ob ich dem »Meeting« per Audio beitreten möchten –
so was Dummes aber auch!
Natürlich will ich das, dazu sitze ich doch da!
Auf einmal erscheinen sechs kleine Fenster auf meinem Laptop. Albrecht schaut erwartungsvoll in die Runde und bewegt seinen Mund.
»Du musst dein Mikrophon einschalten!«,
quakt die Dame dazwischen,
die sich als »Helga« zu erkennen gibt.
Wieder bewegt sich der Mund von Albrecht,
und alle ahnen, dass er die Frage stellt:
»Und wie mache ich das?«
Daraufhin entsteht eine Kakophonie von vier Stimmen,
die den Host offensichtlich gleichzeitig darauf hinweisen,
dass er links unten an seinem Bildschirm
das »Mikrophon«-Zeichen anklicken muss.
Da, wo eigentlich mein Bild erscheinen sollte,
sehe ich zwar meinen Namen, aber ansonsten schwarz.
»Möchten Sie per Video an der Konferenz teilnehmen?«,
fragt mich das Programm überflüssigerweise.
Ich klicke »per Video beitreten« an,
und siehe da: Ich erscheine im Porträt.
Ich platziere den Laptop
auf Augenhöhe, sodass es nicht so wirkt,
als würde ich auf die anderen herabschauen.
Ich selbst sehe gruselig aus, und hinter mir
herrscht das Chaos. Das lässt sich ändern,

und ich wähle als virtuellen Hintergrund
eine alt ehrwürdige Bibliothek.
Ja, ja: der »virtuelle Hintergrund« – da sind
wir schon bei fortgeschrittenen Zoom-Kenntnissen.
Mittlerweile sind acht der zehn geplanten
Teilnehmer*innen auf dem Bildschirm zu sehen.
D. h. Helga hat ihren Platz gerade verlassen,
aber ihr Mikrophon ist weiter eingeschaltet,
und so dringen Geräusche (eine Klospülung?),
Laute und Wortfetzen
an unsere Ohren, die sicherlich nicht
für die Runde bestimmt sind.
Uwe, offensichtlich der Spaßvogel in unserer Runde,
sitzt mit Hawaii-Hemd, Sonnenbrille und Cocktail
vor einem Palmenstrand mit Meeresrauschen.
»Von wo hast du dich denn zugeschaltet«, fragt
Gudrun ein wenig naiv, und Uwe antwortet:
»Hier auf Tahiti ist es gerade 17 Uhr. Ich war
noch ein wenig im Meer baden und habe gedacht,
ich schalte mich mal eben locker dazu. Im Übrigen
habe ich den Begriff ›Home Office‹ nun in den Begriff
›Beach Office‹ verändert.« Alle lachen – außer Gudrun,
die ein wenig neidisch schaut.
Bei Host Albrecht klingelt das Handy: Peter »kommt
nicht rein« – irgendetwas stimme mit dem Link nicht,
und außerdem habe er zeitweise sehr langsames Internet.
Daraufhin meldet sich Juliane und bietet sich an,
zu helfen. Zur Not könne Peter aber auch
per Smartphone dabei sein.
Last but not least erscheint Dieter auf der Bildfläche.
Allerdings ist sein Ton nur ein verzerrtes Sirren
und Quietschen. Es klingt so ähnlich,

wie wenn man aus Versehen mal
eine Faxnummer angewählt hat.
Wieder gehen die Stimmen wild durcheinander:
»Reset« ist das Wort, das am häufigsten fällt,
und eben auch »Bild ist ja da –
zur Not mit dem Handy den Ton dazuschalten!«
Uwe hat seinen virtuellen Hintergrund geändert
und sitzt nun in derselben Bibliothek wie ich.
Das ist mir unangenehm. Ich überlege kurz,
ob ich nun zu den Palmen wechseln soll,
möchte aber Gudrun nicht endgültig verwirren,
und so wähle ich den Kreuzgang eines alten
Klosters als Ambiente für dieses Meeting.
Alle Mikrophone scheinen eingeschaltet zu sein;
denn es herrscht ein Stimmenchaos. Ich schreibe dem
Host Albrecht in den Chat einen Hinweis,
dass er als Gastgeber alle Mikrophone
auf »stumm« schalten kann.
Da ich allerdings vermute, dass er gar nicht weiß,
dass es diese Funktion gibt, rufe ich laut und mehrmals
»Bitte, schaltet eure Mikros aus«, und in die Stille:
»Bitte, schaltet euer Mikrophon nur ein,
wenn ihr etwas sagen wollt!
Bitte, meldet euch vorher per Handzeichen!
Dazu gibt es eine Funktionstaste
rechts unten am Bildschirm.«
Die Basics scheinen nun geklärt zu sein, und
Host Abrecht begrüßt mit zehnminütiger Verspätung
unsere Zoomrunde. Leider habe er nur die Testversion
von Zoom. Es könne sein, dass man sich
nach 35 Minuten wieder neu einwählen müsse …
Von Veronica sieht man nur den ergrauten Scheitel

ihres gebeugten Hauptes.
»Da müsste sie mal wieder nachfärben lassen«,
denken jetzt bestimmt alle, denke ich.
Juliane, die Hilfreiche, sitzt weitgehend im Dunkeln;
ich kann ihr Gesicht nicht sehen. Ich schreibe ihr,
der technisch Versierten, eine Chatnachricht, auf die
sie auch sofort reagiert,
indem sie sämtliche Lichter (hinter sich)
im Raum einschaltet.
Ihr Gesicht bleibt aber trotzdem im Dunkeln.
»Warum sieht sie das nicht?«, frage ich mich.
Helga hat nun ihren Laptop genommen und ist
mit uns durch die Wohnung (Wäscheständer) gewandert.
Nun hat sie offensichtlich an einem Tisch vor
einem alten IKEA-Bücherregal Platz genommen.
Sie verschwindet hinter dem Regal, und alle
fragen sich: »Was macht sie nur?« Ah, sie kommt
mit einer Tasse Tee zurück!
Uwe hat angefangen zu essen: Ein dickes Butterbrot
oder so. Das sieht ziemlich dämlich aus, wenn
da auf einem der Bildschirme nur große Augen
und ein großer kauender Mund zu sehen sind.
Host Albrecht redet unbeirrt die ganze Zeit. Er erläutert
offensichtlich die jüngsten Fortschritte in unserem
gemeinsamen Projekt, doch alle sind mit irgendetwas
beschäftigt und versuchen, möglichst interessiert
in die Kamera zu blicken.
Dieter hat begonnen zu telefonieren.
Warum schaltet er dann, neben dem Mikrophon,
nicht auch die Kamera aus? So wirkt es, als wollte
er nun allen signalisieren: »Ich habe Wichtigeres zu tun!«
Plötzlich macht es »Zoom« –

die zur Verfügung stehenden 35 Minuten
sind offensichtlich abgelaufen –
und wir sollen/können/mögen
uns (doch) wieder einwählen.
Aber ich habe die Lust verloren
und zoome mich selbst zurück ins normale Leben.

»Es ist tragisch, wenn jemand etwas sagen möchte und auch etwas zu sagen hat, aber niemand hört zu. Tragischer ist es jedoch, wenn viele bereit sind, jemandem zuzuhören, dieser jedoch nichts zu sagen hat!«

Ganz Ohr

Wir haben es verlernt, zuzuhören. Wir haben es auch verlernt, auf die Worte Jesu, auf das Wort Gottes zu hören. Dabei sind die Dinge, die Gott uns sagt und sagen möchte, von ganz besonderer Wirkkraft. Gleich zu Beginn der Bibel lesen wir: »Gott sprach …, und es wurde.« Das Wort Gottes ist veränderndes, schaffendes, kreatives Wort. Und von diesem Veränderung schaffenden Wort waren die Reden und Gespräche Jesu geprägt und inspiriert. Allerdings war es wohl schon zu Zeiten Jesu so, dass viele seine Worte zwar gehört haben, diese aber bei den meisten keine nachhaltigen Veränderungen bewirkten. Deshalb erzählt Jesus folgendes Gleichnis:

> *»Hört! Ein Sämann ging aus, um zu säen. Da gab es sich, dass beim Säen einiges auf den Weg fiel, und die Vögel kamen und fraßen es auf. Anderes fiel auf steinigen Grund, wo es nicht viel Erdreich hatte. Es schoss rasch auf, weil es kein tiefes Erdreich hatte. Als aber die Sonne aufging, wurde es versengt, und weil es keine Wurzel hatte, verdorrte es. Wieder anderes fiel unter die Dornen, und die Dornen wuchsen auf und erstickten es, und es brachte keine Frucht. Anderes schließlich fiel auf gutes Erdreich. Es ging auf und wuchs und brachte Frucht; es trug dreißigfach und sechzigfach und hundertfach. Und er sprach: Wer Ohren hat zu hören, der höre.« (Mk 4,3–9)*

Hört!

Schon dieses erste Wort, diese Aufforderung ist bezeichnend. »Hört mal auf zu schwätzen! Hört mal auf, euch mit irgendetwas anderem abzulenken! Richtet bitte eure ganze Konzentration auf mich und auf das, was ich euch jetzt sagen möchte! Denn es geht um das ›Hören‹ und darum, wie unterschiedlich ihr alle, die ihr vor mir sitzt oder steht, ›hört‹. Denn ihr hört in allem, was euch gesagt wird, jede und jeder sehr Unterschiedliches.« Denn »Hören« ist nicht gleich »Hören«. Das erläutert u. a. das »Vier-Ohren-Modell« des Kommunikationsexperten Schulz von Thun:

Spätabends sitzen Mann und Frau vor dem Fernseher. Die Frau beschließt, ins Bett zu gehen. Sie verabschiedet sich von ihrem Mann mit den Worten: »Sei bitte leise, wenn du nachher ins Bett gehst!« Darauf antwortet er: »Wie meinst du das? Ich bin doch immer leise, wenn ich mich nach dir schlafen lege!«

Die Frau, also die Sprechende, offenbart in ihrer Bitte – nach Schulz von Thun – vier verschiedene Aspekte einer Botschaft: Sie hat einen *Sachinhalt:* Du gehst irgendwann ins Bett! Sie beinhaltet eine *Selbstoffenbarung:* »Ich bin müde!« Die Bitte ist getragen von einer *Beziehungsebene:* »Ich möchte nicht deinetwegen aufwachen!«, und einem *Appell:* »Sei bitte leise!« Der Mann hört das Ganze mit den vier Ohren: *Sach-Ohr, Beziehungs-Ohr, Selbstoffenbarungs-Ohr* und *Appell-Ohr.*

Sachebene:	Du gehst irgendwann ins Bett.
Selbstoffenbarung:	Ich bin müde.
Beziehung:	Ich möchte nicht deinetwegen aufwachen.
Appell:	Sei bitte leise!

Diese vier Seiten kommuniziert die Frau, wenn sie den Mann bittet, leise ins Bett zu gehen. Wenn der Mann daraufhin antwortet: »Ich bin doch immer leise, wenn ich nach dir zu Bett gehe!«, besteht die Gefahr, dass er die Bitte seiner Frau ausschließlich auf dem Beziehungs-Ohr gehört hat – so nach dem Motto: »Jedes Mal, wenn du schlafen gehst, benimmst du dich wie ein Trampeltier!« In Wirklichkeit steht aber bei der Bitte der Frau die Appell-Seite im Vordergrund und nicht die Beziehungs-Seite.

Aus diesem »unterschiedlich Hören« erwachsen viele Probleme im privaten und im öffentlichen Bereich, und es ist gut, wenn wir es lernen, genau hinzuhören und nicht gleich beleidigt zu sein, wenn uns jemand auf einen Sachverhalt hinweist. Dabei kommt es natürlich auch darauf an, wie etwas gesagt wird, also mit welchem Unterton. Sonst kann eine ganz sachliche Bitte oder Ansage auf einmal eine Macht entfalten, die in keiner Weise beabsichtigt war. Viele Konflikte im Bereich der internen Kommunikation in Firmen und Institutionen basieren auf Missverständnissen. Eine kirchliche Einrichtung hatte sich für ihr Mitarbeiter*innen-Team einen Supervisor eingeladen. Einmal im Monat wurde über ein halbes Jahr hinweg eine Teamsitzung anberaumt, bei der die beiden Supervisoren anwesend waren und mit allerlei Kniffen und spielerischen Elementen versuchten, »die Nuss zu knacken«. Nach einem weiteren halben Jahr zogen sie sich zurück mit der für sie positiven Bilanz, »man sei doch nun ein ganzes Stück weitergekommen und gut miteinander im Gespräch«. – Fakt war, dass sich überhaupt nichts verändert hatte, weil ein Hauptproblem, nämlich das Thema Unpünktlichkeit, tunlichst vermieden wurde. Warum? Der Leiter der Abteilung war selbst permanent unpünktlich, und das wollte niemand ansprechen. Warum? Die Mitarbeitenden der Abteilung hatten Angst, dass ihr Vorgesetzter die sachliche Bitte »Wir wünschen uns mehr Pünktlichkeit!« persönlich nehmen und ausschließlich auf der Beziehungsebene hören würde, und dass dadurch das an sich gute Betriebsklima zerstört werden könnte. Außerdem fanden einige es ja auch sehr angenehm, dass man nicht so sehr auf Pünktlichkeit achten musste. Deshalb wurde das Hauptproblem nie angesprochen.

Auf diese Weise kann auch etwas nicht Ausgesprochenes plötzlich eine ungeheure Macht entwickeln. Wenn zum Beispiel jemand etwas nur andeutet und dann sagt: »Aber darüber möchte ich nicht reden!«, dann entwickelt das »Nichtgesagte« unter Umständen eine viel größere Wirkung, als wenn das Problem direkt angesprochen würde und man es somit aus der Welt räumen könnte.

Ein Untersuchungsausschuss der Erzdiözese München-Freising befasste sich Anfang 2022 mit einer Sitzung des Diözesanrats aus dem Jahr 1980, bei der es um den Umgang mit einem offensichtlich pädophilen Priester ging. Dieser durfte dann im weiteren Verlauf als katholischer Gemeindepfarrer in einer Kirchengemeinde dieser Diözese weiterarbeiten und weiterhin kriminell agieren. Die Untersuchenden werteten dies als uneinsichtiges, fehlerhaftes, ja kriminelles Verhalten der Verantwortlichen. Der damalige Kardinal und Vorsitzende des Diözesanrats hieß Joseph Ratzinger, der spätere Papst Benedikt XVI. Dieser ließ nun zweimalig mitteilen, dass er bei besagter Sitzung nicht anwesend gewesen sei. Als ein Protokoll auftauchte, das bewies, dass Ratzinger sehr wohl bei dieser Sitzung anwesend war, ließ dieser durch seinen Privatsekretär mitteilen, er, Joseph Ratzinger, sei bei dieser Sitzung doch anwesend gewesen, und ihm sei bei der Beantwortung der Anfrage »ein redaktioneller Fehler« unterlaufen, und das tue ihm leid. Der Versuch, eine schlichte Lüge als »redaktionellen Fehler« zu verharmlosen und scheinbar zu versachlichen, bewirkte genau das Gegenteil. Für die Öffentlichkeit war klar – egal, wie man das Ganze umschrieb: Der Papst hatte gelogen und somit gegen das achte Gebot verstoßen! Ein Machtwort im negativen Sinne!

Die Bibel, das Wort Gottes, ist angefüllt mit machtvollen Wörtern und Sätzen. Doch wie hören wir die Aussagen der Bibel? Ähnlich wie bei dem »Vier-Ohren-Modell« beschreibt Jesus vier Arten, wie die Worte der Bibel bei uns, den Hörenden, ankommen, und erzählt dazu ein Gleichnis (Mk 4,1–12): *»Ein Sämann ging aus, um zu säen. Da gab es sich, dass beim Säen einiges auf den Weg fiel, und die Vögel kamen und fraßen es auf …«*

Wir sind ständig unterwegs, ständig beschäftigt und selten im »Hier und Jetzt«. Allein das Smartphone, die verschiedenen WhatsApp-Gruppen, unsere Facebook-, Telegram- und YouTube-Kontakte lassen uns ständig »unterwegs« sein. Auch während des Lockdowns waren wir ständig unterwegs, haben uns abgelenkt und gar nicht (mehr) bemerkt, wenn Gott zu uns sprechen wollte. Über 1200 Werbeimpulse erreichen jede und jeden von uns täglich. Schnelle, bunte, laute und gut inszenierte Botschaften strömen auf uns ein, umflattern unsere Gedanken wie die Vögel auf dem Weg und schnappen alles weg, was lebensverändernd, heilend und befreiend sein könnte. Und gerne lassen wir uns ablenken und hören selbst eine wirklich gute Predigt nur selektiv.

*Vor Corona war es üblich, dass wir Pfarrer*innen am Ausgang der Kirche standen und die Gemeindeglieder persönlich verabschiedeten. Oft wurde dann der Gottesdienst oder die Predigt* *kommentiert. Nach einem Gottesdienst bleibt ein älterer Besucher vor der Pfarrerin stehen und fragt sie: »Wussten Sie eigentlich, dass das bunte Glasfenster, vor dem Sie gepredigt haben, aus 257 Einzelteilen besteht?«*

Jesus deutet sein Gleichnis selbst, weil er merkt, dass die Umherstehenden, inklusive seine Jüngerinnen und Jünger, nicht verstehen, was er meint: *»Und er sagte zu ihnen: Versteht ihr dieses Gleichnis nicht? Wie wollt ihr da alle anderen Gleichnisse verstehen?«* (Mk 4,13)

Wie wollen wir andere verstehen, wenn wir die Worte, die Bilder und die Gleichnisse Jesu nicht verstehen? … Das ist eine ganz frühe Anfrage Jesu an alle, die ihm nachfolgen und auf seine Worte hören (wollen).

> *»Der Sämann sät das Wort. Die auf dem Weg aber, das sind die, bei denen das Wort zwar gesät wird, aber sobald sie es gehört haben, kommt gleich der Satan und nimmt das Wort, das in sie gesät war, weg.« (Mk, 4,14–16)*

> *»Anderes fiel auf steinigen Grund, wo es nicht viel Erdreich hatte. Es schoss rasch auf, weil es kein tiefes Erdreich hatte. Als aber die Sonne aufging, wurde es versengt, und weil es keine Wurzel hatte, verdorrte es.« (Mk 4,5–6)*

Es gibt Menschen, die kann man schnell begeistern, die hören etwas, sind sofort »Feuer und Flamme«, machen 100 Vorschläge gleichzeitig, wie man etwas anders und besser machen könnte, gründen vielleicht gleich eine neue Gemeinde und können mit ihrer eigenen Begeisterung andere anstecken. Wenn es dann aber darum geht, Rückschläge auszuhalten und die Kleinarbeit zu erledigen, ziehen sich diese Zeitgenossen sehr schnell zurück. Die Saat ist zwar sofort aufgegangen, wurde aber in einem Strohfeuer gleich wieder vernichtet. Glaube ohne Wurzeln, Spiritualität ohne Tiefgang funktionieren nicht und tragen auch nicht durch Dürre- und Wüstenzeiten wie durch Krisen. Was sind meine Wurzeln; worauf gründet sich mein Glaube?

> *»Entsprechend ebenso sind die, bei denen auf steinigem Grund gesät ist, jene, die das Wort, sobald sie es hören, mit Freuden aufnehmen; aber sie haben keine Wurzel, sondern sind Augenblicksmenschen. Sobald nachher Drangsal oder Verfolgung um des Wortes willen entsteht, kommen sie zu Fall.« (Mk 4,16 f.)*

> *»Wieder anderes fiel unter die Dornen, und die Dornen wuchsen auf und erstickten es, und es brachte keine Frucht.« (Mk 4,7)*

Was sind die Dornen in unserer Zeit? Wir haben doch als Christinnen und Christen den Eindruck, dass wir ganz viele Menschen NICHT mit dem Wort Gottes erreichen. Ein Dornengestrüpp ist sicherlich auch unser eigenes Verhalten. Frei nach Friedrich Nietzsches *Also sprach Zarathustra:* »Die Christen müssten schon ein bisschen erlöster aussehen, wenn ich an ihren Erlöser glauben soll!« Werden wir wirklich an der Liebe erkannt, so wie der Apostel Paulus schreibt? Wir werden nicht erkannt an dem, was wir erzählen. Wir werden auch nicht erkannt an den tollen Bauwerken, die wir instand halten, sondernd wir werden an der Art und Weise erkannt, wie wir mit uns selbst und anderen umgehen. Wir werden an der Liebe erkannt (vgl. 1. Kor 13). Und unsere Zerstrittenheit, unsere Rechthaberei, die Missbrauchsskandale etc.: All das sind »hausgemachte Dornensträucher«, die anderen genug Stoff liefern, um das durch uns überbrachte Wort Gottes nicht ernst zu nehmen. Jesus deutet es selbst:

> *»Bei anderen fällt das Wort in die Dornen; das sind jene, die das Wort gehört haben; aber die weltlichen Sorgen, der Trug des Reichtums und die Begierden nach anderen Dingen dringen ein und ersticken das Wort, und es bringt keine Frucht.« (Mk 4,18 f.)*

Die Sorgen der Welt: Welche Antworten geben wir auf die Sorgen der Welt, auf die Sorgen der Menschen? Deuten wir die Aussagen der Bibel nicht häufig weltfremd? Wir sind oft zu weit weg von dem, was die Menschen tatsächlich umtreibt und beschäftigt – gerade in Krisenzeiten. Zum Beispiel während einer Pandemie brauchen sie uns doch besonders, warten sie auf die Wegweisungen der Kirche; aber da kommt wenig bis gar nichts. Die Kirche wird von manchen als »duldsamer Handlanger des Staates« gesehen, geradezu ohne eigenes Profil. Dabei wäre es eine gute Zeit »zu säen«. In der Kleinstadt, in der ich lebe, fanden, wie bereits erwähnt, über einen ziemlich langen Zeitraum hinweg sogenannte Anti-Corona-Maßnahmen-Demos statt. Bei den Gesprächen im Kontext der Rimbacher Querdenker-Demos vor Ort habe ich sie nicht nur gesehen, sondern auch spüren müssen: die »Dornen«, die das Wort ersticken und ohne Frucht bleiben. Mit dem Slogan »Freiheit. Mit Respekt« sind wir angetreten. Selten wurde ich so respektlos behandelt (von denen, die permanent den Respekt von anderen einfordern), und selten habe ich solch einen Hass auf Kirche gespürt wie dort. Wie haben die Demonstrierenden unsere Botschaft »Herzliche Einladung zum Gespräch« gehört?

Sachebene:	Ich bin nicht deiner Meinung. Wir vertrauen weitgehend den Maßnahmen unserer Regierung.
Selbstoffenbarung:	Ich möchte dich ernst nehmen.
Beziehung:	Ich möchte mit dir ins Gespräch kommen.
Appell:	Bitte, vertraue den Maßnahmen unserer Regierung!

Gehört haben die meisten der Demonstrierenden wohl nur den Appell, und der lautete für sie: Die »weltfremden Klugscheißer von der Kirche« wollen uns belehren. Sie haben unsere Präsenz als Provokation empfunden.

Dass der Wohlstand und die vielen erfüllten und unerfüllten Wünsche ihr Übriges tun, den Leuten zu suggerieren, sie bräuchten die erlösende und befreiende Botschaft von der Liebe Gottes und der Vergebung nicht, ist ja bekannt. Und in dieser Zeit ziehen sich auch viele Christinnen und Christen zurück und nutzen den Lockdown als Argument für »spirituelles Coaching«.

> *»Auf gutes Erdreich gesät ist bei jenen, die das Wort hören und aufnehmen und Frucht bringen – dreißigfach, sechzigfach und hundertfach.« (Mk 4,20)*

Danach sehnen wir uns, dass wir zu diesem Teil des Ackers, zu diesem »guten Boden« gehören mögen. Und wir sehnen uns danach, dass viele gute Früchte in unserem Leben entstehen, und müssen doch miterleben, dass schon unsere Kinder mit unserem christlichen Glauben nichts anfangen können, dass wir sie ziehen lassen und ihre eigenen Wege gehen lassen müssen, obwohl wir uns so sehr wünschen, dass auch sie in Jesus diesen treuen Freund und Lebensbegleiter entdecken mögen, der uns täglich inspiriert und in den Freiraum seiner Vergebung stellt. Vor einiger Zeit begegnete ich einem alten Bekannten im Supermarkt. Während wir uns unterhielten, zogen zwei junge Mädchen an uns vorbei. Plötzlich rief mein Gesprächspartner den beiden Mädchen zu: »Weißt du, wer das ist?« Die Mädchen blieben verdutzt stehen (eine der beiden war offensichtlich seine Enkelin) und schauten mich an. »Das ist der Pfarrer, der dich getauft hat. Du könntest ruhig auch mal wieder in die Kirche gehen!«

Sachebene:	Kirche ist etwas Gutes.
Selbstoffenbarung:	Ich bin Christ.
Beziehung:	Ich möchte, dass der Glaube dir hilft.
Appell:	Geh mal wieder in die Kirche!

Mir war das Ganze hochnotpeinlich! Fakt ist, dass er selbst auch schon lange nicht mehr in der Kirche war. Und so verpufft dieser Appell, weil er nicht glaubwürdig ist. Die Jugendliche hört nur diesen Appell. Hätte er gesagt: »Wollen wir nicht mal wieder zusammen in die Kirche gehen?«, hätte er zumindest die Beziehungsebene mit hineingenommen.

»Und [Jesus] sprach: Wer Ohren hat zu hören, der höre!« (Mk 4,9)

Und dieses »Hören«, von dem Jesus hier spricht, hat Konsequenzen, verändert unser Denken, Fühlen und Handeln. Und das kann ich einüben, indem ich auf sein Wort achte und es in mir trage. Das tägliche Lesen in der Bibel, zum Beispiel anhand der Herrnhuter Losungen, die Jahreslosung, könnte unser tägliches, stündliches Mantra sein, verbunden mit dem Gebet: »Öffne mir die Ohren, Gott, und hilf mir, barmherzig zu sein!« Es gibt so viele Möglichkeiten, das Wort Gottes zu hören, aber erst, wenn wir es umsetzen, erst, wenn die Saat in unserem Leben und in unserer Gemeinde und Gesellschaft Früchte trägt, dann »hören« wir im biblischen Sinne, und erst dann wird diese Botschaft von der Liebe Gottes – und zwar auf allen vier Ohren – auch wieder Gehör in dieser Welt finden.

Machtwort: Die Bibel

»Wer ohne Schuld ist, werfe den ersten Stein!«

Die Bibel als »Wort Gottes« ist für viele Menschen schon *per se* und als Ganzes ein Machtwort. Doch es gibt herausragende Stellen, in denen besondere Machtworte hervortreten. Das bekannteste Machtwort begegnet uns gleich zu Beginn:

»Es werde Licht!« (Gen 1,3)

»Bereschit bara elohim et haschamajim«
Am Anfang schuf Gott den Himmel,
den Kosmos, das Weltall – »bara«,
das heißt »hervorbringen«,
er, sie, es brachte hervor, aus dem Nichts,
jenen winzigen Punkt,
jene unfassbar, geballte Energie,
entfesselt durch das Wort:
»jehi«, »jehi or«, es werde Licht, und:
»wajehi or«, es blitzte auf, es ward Licht,
der Urfunke, der Urknall,
mit dem alles begann.

Seitdem: »bara« im hebräischen Urtext
des Tanach, des Alten Testaments,
offenbart sich das Schöpfungswerk:
»bara« bedeutet: hervorbringen,
es bedeutet aber auch »formen« und »schaffen«;
es bedeutet »erfinden« und »zurechtschnitzen«,
und es bedeutet »auswählen« und »füttern«.
Und all das geschah und geschieht
seit 13,8 Milliarden Jahren:
Es ist die allererste Aussage, die über Gott gemacht wird:
»bara« – unser Gott ist ein Schöpfer,

eine kreative, kraft- und machtvolle Energie,
die alles in Gang setzte und setzt,
alles erfand, erschuf, formte und zurechtschnitzte,
die auswählt und den Kosmos füttert
und vorantreibt bis heute.

»bara« – 100 Milliarden Galaxien, und in jeder
dieser 100 Milliarden Galaxien gibt es wiederum 100 Milliarden
Sonnensysteme, so, wie das unsrige eines ist.
Allein in unserer Galaxie
(und Galaxie bedeutet übersetzt »Milchstraße«),
allein in unserer Milchstraße
gibt es 100 Milliarden Sonnensysteme –
jedes mit einer eigenen Sonne und eigenen Planeten.
Können Sie sich das vorstellen,
können Sie das denken?

Und schon in unserem
Nachbarsonnensystem »Proxima Centauri«
hat man zwei Planeten in einer habitablen,
sprich: bewohnbaren Zone entdeckt.
Allerdings: Bereits dieses Nachbarsonnensystem
ist vier Lichtjahre von uns entfernt.
Es bräuchte 1000 Menschengenerationen,
um dorthin zu gelangen. Unvorstellbar!

»bara« – Gott, den Schöpfer, drängt es,
etwas hervorzubringen, zu erfinden
und zu formen – warum sollte er das
nur auf einem kleinen Planeten eines
Randsonnensystems umgesetzt haben?
Das macht keinen Sinn;

das wäre Theo-un-logisch.
Gehen wir mal von Folgendem aus:
Da Gottes erste und allen anderen
vorangestellte Eigenschaft
die ist, dass er kreativ ist,
kann und darf man gerne glauben,
dass es im Weltall nur so wimmelt
von Leben: bunt, vielfältig, gefährlich,
atemberaubend, intelligent,
geheimnisvoll und unerreichbar:
Wir sind nicht allein!

»Kommt alle zu mir, die ihr mühselig beladen seid!« (Mt 11,28)

Vor einigen Jahren hatte mich eine kleine Schweizer Gemeinde eingeladen, in ihrer Kirche ein Konzert zu geben. Am Eingang des Kirchengebäudes war ein großes Mosaik zu sehen, auf dem das Jesuszitat »Kommt her zu mir alle, die ihr mühselig und beladen seid!« zu lesen war. Nachdem wir aufgebaut und den Soundcheck für das Konzert gemacht hatten, kam ich mit den Veranstaltern und Vertreterinnen dieser Gemeinde ein wenig ins Gespräch. Ich fragte sie u. a.: »Was machen Sie eigentlich, wenn die Leute das ernst nehmen?« Meine Gastgeber schauten mich irritiert an und fragten zurück: »Was meinen Sie?« Ich wies auf den Eingangsbereich und erwiderte: »Na ja, ich habe das große Mosaik neben Ihrer Eingangstür bewundert und mich gefragt: Wie mögen wohl die Mitglieder dieser Gemeinde reagieren, wenn sie tatsächlich alle kommen, die Mühseligen und Beladenen?« Darauf hatten sie offensichtlich keine Antwort.

In den Bodelschwinghschen Einrichtungen der Gemeinde Lobetal, in der Nähe von Berlin, steht eine große Christusstatue, auf deren Sockel eben dieses Jesuswort zu sehen ist. Hier finden Gestrandete und Menschen mit Behinderung Aufnahme und eine neue Heimat. Besonders in den Fokus der Öffentlichkeit geriet Lobetal im Januar 1990, als der damalige leitende Pastor Uwe Holmer den gerade gestürzten Staatsratsvorsitzenden Erich Honecker und seine Frau Margot für zehn Wochen in seine Familie aufnahm und ihnen so Asyl gewährte. Viele hatten dafür kein Verständnis und feindeten Uwe Holmer und seine Frau an. Er jedoch berief sich auf die Inschrift der Jesusstatue und auf das Grundanliegen der Bodelschwinghschen Einrichtungen, Gestrandeten ohne Ansehen der Person Asyl zu gewähren. Und das Ehepaar Honecker? Nun, sie mussten damit zurechtkommen, dass sie im eigenen Land unerwünscht waren, und dass sie nun, als überzeugte Atheisten, auf die Barmherzigkeit und die Fürsorge eines sehr frommen Pfarrerehepaars angewiesen waren, das sie immer und immer wieder mit (Tisch-)Gebeten, geistlichen Liedern und frommen Gedanken konfrontierte.

Das erste Wunder, das Jesus vollbrachte, ereignete sich laut dem Evangelisten Johannes bei der Hochzeit zu Kana (vgl. Joh 2,1–12). Jesus – so die Erzählung – verwandelte Wasser in Wein. Am nächsten Morgen sitzt einer der Festgäste offensichtlich mit einem heftigen Kater und Brummschädel am Frühstückstisch. Jesus kommt vorbei und schaut ihn an: »Du siehst aber schlecht aus! Geht es dir nicht gut?« Daraufhin der Gast: »Mir ist schlecht, und mir brummt der Schädel.« Jesus beugt sich vor und fragt einfühlsam: »Soll ich dir ein Glas Wasser bringen?« Entsetzt weist der Gast das von sich: »Um Himmels Willen, bloß nicht!«

»Steh auf, nimm dein Bett und geh!« (Joh 5,8)

»Immer sind die andern schuld!« Diesen Eindruck hinterlassen mitunter jene Zeitgenoss*innen, die nicht so viel Glück im Leben hatten, die weniger Geld zur Verfügung haben, die über längere Zeit arbeitslos sind, oder die sonst ein Leiden plagt. In den Evangelien wird uns von einer Begegnung zwischen Jesus und einem gelähmten Mann berichtet. Dieser hatte in den Säulenhallen, die man rund um den Teich Bethesda errichtet hatte, ein Lager gefunden. Er war seit 38 Jahren gelähmt. Wer eine so lange Zeit gelähmt ist, hat sicher endlos viele Versuche, gesund zu werden, hinter sich und war immer auch angewiesen auf die Hilfe anderer. Er muss diese Hilfen von Zeit zu Zeit gehabt haben; denn wie sonst hätte er zu den Säulenhallen von Bethesda gelangen und sich dort einrichten können? Wie viele andere klammerte er sich an einen letzten Strohhalm, an eine letzte Möglichkeit, nach all den leidvollen Jahren doch noch gesund zu werden. Diese allerletzte Möglichkeit bot der Teich Bethesda; denn, so sagte man, von Zeit zu Zeit würde ein Engel des Herrn hinabsteigen in das Wasserbecken. Dann würde das Wasser beginnen zu brodeln, und wer dann, so sagte man, als Erster in diesen Teich steigen würde, der oder diejenige würde auf der Stelle gesunden. Aus diesem Grund lagerten nun viele Kranke um diese Wasserstelle und in der Säulenhalle. Und deshalb war auch der Gelähmte an diesem Ort. Doch er hatte de facto ja keine echte Chance, als Erster in dem brodelnden Gewässer zu landen.

Eines Tages besucht auch Jesus diesen Ort. Er bleibt bei dem Gelähmten stehen. Er schaut ihn an und stellt ihm die scheinbar absurde Frage: »Willst du gesund werden?« Was war das für eine seltsame Frage!? Natürlich wollte er wie alle anderen wieder oder endlich gesund werden. Doch wann immer

Jesus solch eine Frage stellte, meinte er viel mehr als nur die Frage: »Möchtest du von deinem körperlichen Gebrechen geheilt werden?« Denn körperlich krank waren sie alle, die da lagerten und warteten. Doch sie waren auch krank in ihren Herzen und Köpfen. Denn sobald sich das Wasser wie von Zauberhand bewegte, zerbrach die Solidargemeinschaft dieses Sanatoriums. Jede und jeder war sich dann selbst die oder der Nächste, und ein wildes Humpel- und Stolperrennen begann und die brutale Ellenbogengesellschaft brach sich Bahn. Deshalb antwortete er Jesus auch nicht direkt auf seine Frage mit »Ja« oder »Nein«, sondern er jammerte: »Herr, ich habe keinen, der mich trägt!« Im Grunde sind die Anderen schuld, dass ich nicht gesund werden kann. »Die Anderen sind schuld, dass es mir so schlecht geht!« Bei unseren Auseinandersetzungen mit den Querdenkern habe ich oft den Satz gehört: »Der Staat ist schuld, dass es uns so schlecht geht!« Dabei ging und geht es uns im internationalen Vergleich gesehen bis jetzt gar nicht so schlecht. Nun überlege ich mal und versuche, bei mir selbst die Situationen aufzudecken, bei denen ich mein Unvermögen auf andere (Faktoren) schiebe. Wir Deutschen sind ja Weltmeister im Lamentieren: Entweder ist es zu kalt oder zu heiß oder zu nass oder zu trocken. Selbst wenn alles stimmt – dann zieht es! Immer ist irgendjemand oder irgendetwas schuld daran, dass es mir nicht so gut geht. Ein Freund, der eine gut gehende Gastwirtschaft betreibt, ist ein Meister im Lamentieren. Wenn der Laden, so wie zu Zeiten der Coronapandemie, nur verhältnismäßig wenig Umsatz brachte, jammerte er, dass sich das ja alles nicht lohnen würde, und dass die Leute, die nicht den Abholservice nutzen würden, daran schuld wären. Als der Laden dann wieder brummte, war ihm das alles zu viel. Seine Schulter tat ihm weh vom Schnitzelklopfen, und überhaupt wäre das fehlende Personal schuld daran, dass er völlig überarbeitet sei.

Die Antwort des Gelähmten: »Herr, ich habe keinen, der mich trägt!«, ist jedoch auch noch in anderer Hinsicht bemerkenswert. Denn sie spricht die Tatsache an, dass selbst in einer vermeintlichen Solidargemeinschaft der Kranken jeder und jede vor allem und zunächst mal an sich selbst denkt. Das ist doch eine der großen Krisen unserer Zeit, dass die Solidargemeinschaften zerbrechen: Wir sind nicht (mehr) bereit, einander zu tragen, so wie der Apostel Paulus das in seinem Brief an die Galater formuliert: »Einer trage des anderen Last, so werdet ihr das Gesetz Christi erfüllen!« Und das macht die Situation dieses Gelähmten so hoffnungslos. Der Kranke ist so fixiert auf diese eine letzte Möglichkeit des heilenden, brodelnden, von einem Engel angestoßenen Wassers, dass er gar nicht sieht, dass sich hier eventuell eine ganz andere und überraschende Möglichkeit auftut. Und Jesus wischt das alles vom Tisch und spricht ein Machtwort: »Steh auf, nimm dein Bett und geh!« – will sagen: »Hör auf zu jammern. Hör auf, anderen die Schuld zu geben, und nimm dein Leben endlich (wieder) selbst in die Hand!« Durch wie viele Wände und Nebel vergeblicher Versuche, gesund zu werden, muss diese Aufforderung Jesu bei dem Gelähmten dringen, bis er es hören und begreifen kann: Ich bin gemeint; ich soll und kann jetzt aufstehen, mein Bett, meine Lethargie, meine Schuldzuweisungen und mein Leben selbst in die Hand nehmen und losgehen. Durch wie viele Wände und Nebel christlicher Sozialisation und schlechter Erfahrungen »mit Kirche« muss dieser Satz Jesu bei mir dringen, bis ich ihn wirklich höre und verstehe: Ich bin gemeint! »Steh auf, nimm dein Bett und geh!« Das erinnert an ein anderes Machtwort, das John F. Kennedy einmal gesagt hat: »Ask not what your country can do for you, but ask what you can do for your country!« – »Frage nicht, was dein Land für dich tun kann, sondern was du für dein Land tun kannst!« Der Gelähmte nimmt Jesus bei seinem (Macht-) Wort, und zum ersten Mal (seit langer Zeit) wagt er, zittrig und von anderen gestützt, sich aufzurappeln und erste Schritte zu gehen – Jesus hinterher, weg von dem, worauf alle anderen starren, hinein in die tragfähige Gemeinschaft derer, die Jesus in dieser Welt hinterherstolpern. Erst eine Gesellschaft, die bereit ist, solidarisch auch mit den Ärmsten der Armen zu sein und diese mitzutragen, kann gesund werden. Erst, wenn wir bereit sind, einander zu tragen und auch zu ertragen, kann ein Gesundungsprozess in unserem Land einsetzen. Sich gegenseitig mitzutragen und auch die Meinung des Anderen zu ertragen, gehört zu einer gesunden Demokratie.

»Hokus pokus«

Im Mittelalter wurde die Messe auf Lateinisch gehalten. Zentrum jeder katholischen Messe war und ist die Eucharistie. Im Mittelpunkt des Abendmahls stand die Wandlung. Der Priester sprach auf Lateinisch die Worte *»hoc est corpus meus«* (»dies ist mein Leib«). Durch diese Einsetzungsworte, so bis heute das römisch-katholische Verständnis, wurde und wird die Hostie (Brot) und der Wein in Christi Fleisch und Blut verwandelt. Das Volk verband diese Verwandlung mit der Formel »Hokus pokus«. Jeder Zauberspruch, wie zum Beispiel auch »Abrakadabra« oder »Simsalabim«, ist ein Machtwort, mit dem der Zauberer oder Täuschungskünstler sein Kunststück einleitet und den »Zauber« vollbringt. Die Einsetzungsworte des Abendmahls sind natürlich nur ein Machtwort für die Menschen, die daran glauben. Die katholische Dogmatik sieht das freilich anders: Die Wandlung, die ein Priester mit den Einsetzungsworten vollzieht, geschieht demnach tatsächlich und unabhängig davon, ob die Mitfeiernden das auch glauben. Die unterschiedliche Auffassung, wie diese Einsetzungsworte Jesu zu verstehen und zu glauben seien, spaltet bis heute die Christenheit weltweit und steht u. a. dem gemeinsamen Abendmahl von evangelischen und katholischen Christen im Wege. Insofern sind sie leider auch ein Machtwort; denn sie haben offensichtlich die Macht, wesentliche Fortschritte in der Ökumene zu verhindern.

»Worte waren ursprünglich auch Zauber, und das Wort hat noch heute viel von seiner alten Zauberkraft. Durch Worte kann ein Mensch den anderen selig machen oder zur Verzweiflung treiben. Durch Worte überträgt der Lehrer sein Wissen auf die Schüler. Durch Worte reißt der Redner die Versammlung der Zuhörenden mit sich fort und beeinflusst ihre Urteile und Entscheidungen. Worte rufen Affekte hervor und sind das allgemeine Mittel zur Beeinflussung der Menschen untereinander.«[12]

»Das Weib schweige in der Gemeinde!« (1. Kor 14,3–34)

Während meines Theologiestudiums in Mainz, Anfang der 1980er Jahre, besuchte ich u. a. einen Vortrag von Luise Schottroff, einer der bekanntesten deutschen Theologinnen. Sie hielt damals eine Vorlesung über den ersten Korintherbrief des Apostels Paulus. Ich hörte sie die einleitenden Worte gewissermaßen in den Saal rufen: »Alles, was der Apostel Paulus über die Frauen gesagt hat, war sicher nicht vom Heiligen Geist inspiriert!« Eine starke und provokante Vorlage für uns junge Student*innen, die wir doch nach wie vor größtenteils davon ausgingen, dass die Bibel als solche, das Wort Gottes verkörpernd, sehr wohl vom Heiligen Geist inspiriert war. Dennoch betonte sie in ihrer Auslegung des Paulus-Briefs, dass Frauen in leitenden Funktionen in den Gemeinden tätig waren; dass sie einen entscheidenden Beitrag für die Ausbreitung des Evangeliums leisteten, und dass Paulus Frauen in dieser Arbeit mit sich selbst als gleichrangig ansah.

Warum also spricht Paulus dieses bis heute äußerst umstrittene Machtwort: »Das Weib schweige in der Gemeinde!«? Um das zu verstehen, ist es (wie immer) gut und wichtig, den Kontext zu beachten. Wir lesen im ersten Brief an die Korinther im 14. Kapitel:

> *»… denn Gott ist kein Gott der Unordnung, sondern des Friedens. Wie in allen Gemeinden der Heiligen sollen auch bei euch die Frauen in den Versammlungen schweigen; denn es ist ihnen nicht gestattet zu reden, sondern sie sollen sich unterordnen, wie es auch das Gesetz sagt. Wenn sie sich aber über etwas unterweisen lassen wollen, sollen sie zu Hause ihre Ehemänner befragen; denn es gehört sich nicht für eine Frau, in einer Gemeindeversammlung zu reden. (1. Kor 14,33–35)*

Man muss sich diese Gottesdienste der Urgemeinden als ein äußerst kommunikatives Geschehen vor Augen führen. Nun war es wohl in der Gemeinde in Korinth so, dass die weiblichen Gemeindeglieder offenbar sehr oft das Wort ergriffen und auch theologische Zwischen- und Verständnisfragen stellten. Paulus schreibt als Einleitung zu seiner Anweisung: *»Gott ist nicht ein Gott der Unordnung, sondern des Friedens!«* Das Verhalten der Frauen hat wohl den halbwegs geordneten Ablauf des Gottesdienstes so sehr gestört, dass der Frieden in dieser Gemeinde gefährdet war. In dieses spezielle Tohuwabohu sprach Paulus ein Machtwort, das bis heute für Unbehagen und Verwirrung sorgt und als jener Ausspruch bekannt geworden ist: *»Das Weib schweige in der Gemeinde!«* Es ist also eine situationsbezogene und somit keine allgemeingültige Aussage. Vor allem geht es bei diesem Machtwort nicht in erster Linie um die Frauen, sondern um die Unordnung im Gottesdienst. Das Anliegen von Paulus war, wieder Ordnung in den Ablauf der Liturgie zu bringen.

In der Friedensbewegung wurde oft und gerne der Satz von Kurt Tucholsky: »Stell' dir vor, es ist Krieg, und keiner geht hin!«, zitiert. Allerdings geht dieser Satz weiter mit: »… dann kommt der Krieg zu dir!« Somit drückt das ursprüngliche und komplette Zitat eigentlich das genaue Gegenteil von dem aus, was auf den Plakaten der Friedensbewegungen zu sehen war. Zitate, vor allem biblische Zitate, müssen immer in einem Gesamtzusammenhang und dem historischen Kontext betrachtet und interpretiert werden. Sonst läuft man Gefahr, mitunter das genaue Gegenteil von dem, was ursprünglich intendiert war, herauszulesen.

Bibel-Machtwort (Poetry)

»Es werde«, sprach Gott, und es wurde.
Machtvoll ging der Schöpfer ans Werk –
und siehe: Was er schuf, war gut.
Zu seinem Ebenbild schuf er dann
den Menschen, als Mann und Frau,
und gab ihnen die Macht des freien Willens,
sich zu entscheiden, zu hinterfragen
und neugierig die Welt zu erkunden.
»Es werde …!«, und es wurde …
– Das ist das Machtwort schlechthin.
»Von allem dürft ihr nehmen, nur den Baum
in der Mitte des Gartens rührt nicht an!«
Das Verbot war das nächste Machtwort,
das Gott sprach: »Sonst werdet ihr sterben!«
Ein Verbot ohne Konsequenzen
hat keine Auswirkung, keine Macht.
Und nichts auf Erden ist mächtiger als der Tod.
»Adam« heißt »Mensch«, und »Eva« heißt »Leben«.
Gemeinsam sind sie der lebendige Mensch,
und der oder die ist neugierig, will alles erkunden.
Und nichts ist reizvoller als ein Verbot,
und auch deshalb ist es ein Machtwort;
denn es zieht uns magisch an, und wir
hören die Stimme des Zweifels:
»Ja«, soll Gott gesagt haben: »Ihr dürft
nicht von allen Früchten im Garten kosten?«,
fragt die Schlange und sät kleine Machtstachel,
die schließlich in offenes Misstrauen münden:
»Keinesfalls werdet ihr sterben; ihr

werdet klug sein wie Gott und erkennen,
was gut und Böse ist.«
Aus Verbot und Misstrauen wächst
das Machtwort des Gerüchts.
Von Anfang an und gleich zu Beginn der Bibel:
Schöpfung, Verbot und Gerücht.
Der Mensch und das Leben lassen
sich verführen, und Gott spricht ein
Machtwort: Sie fliegen raus!
Bald schon entwickelt sich das Ebenbild
in den Augen des Schöpfers zum Zerrbild.
Gott hat den Menschen satt
und lässt Noah eine Arche bauen,
lässt es regnen und vernichtet
das Bisherige. Ein Machtgeschehen,
ein Machtbild auch:
Der Regenbogen, ein neuer Bund,
ein Machtzeichen am Himmel,
Zeichen der Reue des Schöpfers,
Zeichen der Treue des Vaters.
Ein Segen liegt über dem Land,
der Segen als künftiges Machtwort.
»An Gottes Segen ist alles gelegen«,
sagt man, und die Geschichte des
Volkes Israel ist verknüpft mit dem Segen.
Hinausgeführt wurden sie aus
Ägypten durch die Wüste, und dort –
mitten in der Wüste – gab Gott
ihnen und uns allen die zehn Machtworte:
»Du sollst …
… keine anderen Götter haben neben mir!
… den Namen des Herrn, deines Gottes, nicht missbrauchen!

... den Feiertag heiligen, deinen Vater und deine Mutter ehren!
Du sollst nicht töten, nicht ehebrechen, nicht stehlen,
nicht lügen, nicht begehren deines Nächsten Hab und Gut,
nicht begehren deines Nächsten Frau, Knecht, Magd,
Vieh, noch alles, was dein Nächster hat!«
Machtworte über die Jahrtausende hinweg –
gültig bis heute!
»Du bist der Mann!« – Machtwort des
Propheten Natan, der dem selbstgerechten
und unbarmherzigen König David den Spiegel vorhielt.
Das Salomonische Urteil der Prediger
und sein »Alles hat seine Zeit!«.
Die Propheten mit ihren Machtzeichen
und Machtworten: »Tut mir weg das
Geplärr eurer Lieder! Ich kann euch
nicht mehr riechen und bin eure
scheinheiligen Gottesdienste leid.
Stattdessen: Das Recht ströme wie Wasser!«
Und weiter: Das Wort wurde Fleisch,
wurde Mensch. Jesus, das greifbare Machtwort
Gottes, spricht Machtworte in diese Welt hinein:
»Selig, zutiefst glücklich seid ihr!
Liebt eure Feinde; segnet, die euch verfluchen;
tut Gutes denen, die euch hassen!«
Machtworte, die das bisher Geglaubte und
Begrenzende im Namen der Liebe
und des Lebens durchbrechen:
»Willst du gesund werden?«
»Steh auf, nimm dein Bett und geh!«
»Geh hin und verkaufe alles, was du hast!«
»Wer ohne Schuld ist, werfe den ersten Stein!«
»In der Welt habt ihr Angst,

doch siehe: Ich habe die Welt überwunden!«
Und schließlich wieder ein Segen:
»Siehe, ich bin bei euch alle Tage.«

Fürchtet euch nicht! (Mt 14)

»Panem et circenses« – Brot und Spiele, das war das Mittel, mit dem die letzten Kaiser des untergehenden Römischen Reiches versucht haben, das Volk bei Laune zu halten. Angesichts der Tatsache, dass Jesus das »Brotwunder« vollbracht hatte und rund 5000 Menschen wie durch ein Wunder bei einer seiner Veranstaltungen satt geworden waren, sah er sich dem Missverständnis ausgesetzt, dass sie ihn zum König machen wollten. Da, wo Jesus auftrat, geschah etwas, wurden Menschen geheilt, passierte Wundersames, und nun wurde auch noch für das leibliche Wohl gesorgt: »Brot und Spiele« eben – so einen wollte man zum König haben. So erzählt es zumindest der Evangelist Johannes (Joh 6,15–21). Der Evangelist Matthäus berichtet dazu:

> *»Sofort nötigte er die Jünger, in das Boot zu steigen und ihm ans andere Ufer vorauszufahren, während er selbst die Scharen entließ.« (Mt 14,22)*

Jesus hatte das Wohl seiner Jüngerinnen und Jünger im Blick. Er »drängte« sie, Pause zu machen. Insofern war er nach heutigen Maßstäben durchaus ein moderner Arbeitgeber. Er hatte die »Work-Life-Balance« seiner Mitarbeitenden durchaus im Blick. »Kein Bogen hält die Spannung, wenn man ihn überspannt, weil der dann nicht mehr zielen und auch nicht treffen kann.«, singen wir in unserem »Sonntagslied«. Er drängte sie, ans andere Ufer zu fahren, damit sie Abstand gewinnen konnten.

»Nachdem er die Volksscharen entlassen hatte, stieg er allein auf den Berg, um zu beten. Als es Abend geworden war, befand er sich dort allein.« (Mt 14,23)

Auch Jesus musste Abstand gewinnen. Dafür war ein Berg ein guter Ort. Der Berg, allen voran der Horeb (Sinaigebirge), spielt ja in der Bibel eine besondere Rolle. Dort wurden im Zuge des Exodus Mose die Zehn Gebote übergeben. Der Gipfel eines Berges galt als Ort der besonderen Gottesnähe. Wo sind meine Fluchten, wenn ich Zeit für mich brauche, nachdenken und vielleicht beten möchte? Und dort war er dann auch endlich mal allein. Das muss für ihn, an dem so viele Menschen hingen, eine echte Wohltat gewesen sein.

»Das Boot aber war schon viele Stadien vom Land entfernt und wurde von den Wellen bedrängt; denn es hatte Gegenwind.« (Mt 14,24)

Vor etlichen Jahren unternahmen wir eine Studienfahrt nach Israel und waren natürlich auch am See Genezareth. Dort können auftretende Fallwinde ganz plötzlich einen orkanartigen Sturm erzeugen. In solch ein Unwetter sind die Jünger offensichtlich geraten und hatten alle Hände voll zu tun, dass ihr Boot nicht kenterte.

»Um die vierte Nachtwache kam er auf sie zu; er ging auf dem See.« (Mt 14,25)

Es wurde und wird viel über die Frage gestritten und gespottet, ob das tatsächlich so passiert ist, ob Jesus tatsächlich auf dem Wasser gehen konnte.

Ein katholischer Priester, eine evangelische Pfarrerin und der Prediger einer Freikirche machen ihren alljährlichen, ökumenischen Betriebsausflug. Diesmal rudern sie mit einem Boot hinaus auf einen See. Mit an Bord haben sie belegte Brötchen, Chips und ein Sixpack Bier. Nach etwa einer Stunde ist das Bier alle. Da sagt der Priester: »Ich geh schnell mal ans Ufer und hole Nachschub!« Er klettert über den Bootsrand und läuft über den See und kommt nach 20 Minuten wieder mit einem Sixpack Bier zurück. Nach einer halben Stunde sagt die evangelische Pfarrerin: »Eigentlich hätte ich jetzt Lust auf ein Gläschen Sekt!«, steigt über den Bootsrand hinaus und holt von einem Kiosk am Ufer drei Piccolos. Nach einer weiteren Stunde ist das Bier schon wieder alle. Daraufhin sagt der freikirchliche Prediger: »Jetzt bin ich dran!«, und auch er läuft über den See und kommt mit einer Flasche Rotwein und drei Gläsern zurück. Daraufhin schmunzelt der katholische Priester und stupst die evangelische Kollegin an: »Es ist schon gut, wenn man weiß, wo die Steine liegen!« Daraufhin fragt der Prediger verdutzt in die Runde: »Welche Steine?«

Viel spannender als die Frage, ob das wirklich genau so passiert ist, dass Jesus über den See Genezareth lief, ist die Bedeutung, die Allegorie, die hinter dieser biblischen Erzählung steckt. Eine Allegorie ist eine Deutung, die weit über das augenscheinlich geschilderte Ereignis hinausgeht, und die eine Deutung für uns im Hier und Jetzt ermöglicht. Denn: Was nützt uns die Gewissheit, dass Jesus vor zweitausend Jahren übers Wasser laufen konnte? Viel wichtiger und spannender ist doch die Tatsache, dass Jesus seinen Jüngerinnen und Jüngern auf dem entgegenkommt, was ihnen Angst macht und sie bedrängt. Das sind doch die Wellen, die das Boot in Bedrängnis bringen, das sind die Erschütterungen, die unser Lebensboot ins Wanken bringen, und an denen wir zu scheitern drohen! Auf diesen Erschütterungen kommt uns Jesus durch die Nacht, durch den Sturm und den Regen entgegen. Was sind die Wellen in deinem Leben, die über den Bootsrand schwappen, und die alles durcheinanderwerfen, und die dich bedrohen? Was sind die Ängste, die dich plagen? Dafür stehen die Wellen des Sturms, in den die Jünger auf dem See Genezareth, dem galiläischen Meer, geraten sind. Und wir haben Angst; wir schauen angstvoll hinaus in den Sturm, der da tobt. Schauen wir hinaus in diese Welt, kann einem aber auch Angst und Bange werden: Klimawandel, Ukraine-Krise, der erbarmungslose Winter in Syrien und im Libanon, die Pandemie und ihre Folgen. Es sind Ängste, die die Menschen auf die Straßen treiben, die uns an Verschwörungserzählungen glauben lassen. Wir haben so viele Ängste: Angst um die Zukunft, Angst vor Krankheit, Angst um den Arbeitsplatz, Angst vor Long Covid etc. Angst ist ein machtvolles Grundgefühl der Ohnmacht! Wir können andere mit unserer Angst vereinnahmen, lähmen und manchmal sogar in Gefahr bringen. Ein zwölfjähriger Junge kletterte für sein Leben gern. Vor dem Haus der Eltern gab es einen großen Baum, und dort kletterte er eines Tages hinauf. Als er schon fast ganz oben im Wipfel war, trat die Mutter aus dem Haus und erschrak: »Junge, pass auf, dass du nicht den Halt verlierst und runterfällst!«, rief sie laut. Ihr junger Sohn war so sehr in sein Klettern vertieft, dass er heftig erschrak und für eine Sekunde den Ast, an dem er sich festgehalten hatte, losließ und in die Tiefe stürzte.

»Als ihn die Jünger über den See kommen sahen, entsetzten sie sich, weil sie meinten, es sei ein Gespenst, und sie schrien vor Angst auf.« (Mt 14,26)

Allzu verständlich die Reaktion der Jünger*innen! Was sonst sollte mitten in diesem Sturm auf sie zukommen? Ein Gespenst? In jedem Fall etwas, wovor man sich fürchten muss. Zu den Wellen, zu dem, was uns sowieso schon bedrängt, kommt nun noch die blanke Angst vor einem Phänomen, das wir uns nicht erklären können. Wir können uns nicht erklären, wieso ein kleiner Virus diese Welt zum Innehalten zwingen kann. Wir können nicht verstehen, warum die Virologen, die sonst kaum jemand beachtet hat, nun auf einmal das Geschehen dieser Welt so fundamental erklären bzw. begründen (können), dass wir mehrere Jahre mit enormen Einschränkungen leben mussten und müssen. Und so flüchten sich viele in »Gespensterphantasien« und Verschwörungserzählungen und sehen in diesem Gespenst den Verursacher des Sturms – als Teil einer globalen Bedrohung. Viele von denen, die den Feind vermeintlich im Äußeren identifizieren, haben jedoch eigentlich massive Probleme im eigenen und privaten Bereich, und plötzlich sind die Corona-Maßnahmen oder eben Corona schuld an allem und nicht mehr man selbst. Hinzu kommt: »Als der Alltag noch kommunikativ durch Großfamilie, Firma, Nachbarschaft, Kirche und Gewerkschaften geprägt war, wären die gröbsten historischen Verirrungen noch vor dem Mittagessen ausgeräumt worden. Heute hingegen werkeln viele Menschen an ihren Privatideologien wie einst Modellbauer im Hobbykeller an komplexen Holzschiffen« (Nils Minkmar, Journalist).[13]

Manch ein Querdenker oder eine Querdenkerin sind nur scheinbar gut vernetzt, in erster Linie jedoch einsam.

»Er aber redete sie sogleich an und sagte: Habt Vertrauen [seid getrost], ich bin es! Fürchtet euch nicht!« (Mt 14,27)

»Das Gespenst« spricht ein Machtwort: »Seid getrost!« Trost ist das Erste, was Jesus spendet. Das Wort Trost (entstanden im Althochdeutschen im 8. Jahrhundert) hängt etymologisch mit dem indogermanischen Wortstamm »treu« zusammen und bedeutet Festigkeit, auch seelischer Halt, Zuversicht und Ermutigung im Leid. Das griechische Wort für »Trost« (parēgoriá) bedeutet auch Zuspruch, Ermahnung, Ermutigung. »Auf mich kannst du dich verlassen, egal wie heftig der Sturm um dich tobt; dafür stehe ich mit meinem Namen: ›Ich bin es!‹«

Darf ich das, ja kann ich das glauben, dass Jesus, egal, in welchem Sturm ich mich gerade befinde, treu an meiner Seite steht und mir seelischen Halt, Zuversicht und Ermutigung mitten im Leid verheißt und geben kann? Ja, und davon erzählt diese Geschichte. Darum kann er mir auch mitten im Orkan meines Lebens das Machtwort zurufen: »Fürchte dich nicht!« Das ist eine der Grundbotschaften der Bibel und ein echtes Machtwort. Über 300-mal lesen wir im Wort Gottes: »Hab keine Angst! Ich bin bei dir!« An anderer Stelle sagt Jesus: »In der Welt habt ihr Angst, aber seht: Ich habe die Welt überwunden!« (Joh 16,33)

Wir werden so oft von unseren Ängsten gesteuert, und diese Ängste werden ja auch instrumentalisiert, gerade angesichts der weltweiten Pandemie. Ganze Industriezweige leben von unseren Ängsten – allen voran die Versicherungsbranchen! Nach den verheerenden Überschwemmungen im Ahrtal haben wir doch alle nochmal unsere Hausversicherungspolicen herausgekramt und gründlich studiert, ob wir auch wirklich gegen »Elementarschäden« versichert sind. Warum? Aus Angst natürlich! Aus Angst, dass uns, selbst wenn wir oben auf einem Hügel wohnen, Ähnliches passieren könnte.

»Da antwortete ihm Petrus: Herr, wenn du es bist, so befiehl, dass ich auf dem Wasser zu dir komme!« (Mt 14,28)

Petrus schaut fasziniert hinaus auf das tobende Meer. Vergessen sind die Ängste; er schaut auf Jesus, und dann sagt er nicht etwa: »Hey Jesus, das ist ja cool, dass du da draußen rumsurfst! Darf ich auch mal?« Sondern er ruft: »Wenn du es bist, dann befiehl mir, zu dir zu kommen auf dem Wasser!« »Keleuson« steht da im griechischen Urtext ausdrücklich. Petrus wusste aus Erfahrung, dass ein Befehl Jesu ein solches Machtwort sein konnte, das selbst die Regeln dieser Welt außer Kraft setzte. »Jesus, ich möchte es lernen, so souverän wie du mit dem, was mir Angst macht, umzugehen! Ich will lernen, auf den Wellen zu gehen!« So hat Petrus mit Jesus gesprochen. Wenn wir heute so »mit Jesus« sprechen, nennen wir das »Gebet«. Ein katholischer Priester, der im Dritten Reich im Widerstand gegen die Nazis gekämpft hat, hat einmal gesagt: »Mut ist Angst, die gebetet hat!« (vgl. auch Corrie ten Boom), und genau das geschieht hier.

»Er sagte: Komm!« (Mt 14,29)

Wenn man bedenkt, dass Petrus, wie die meisten Menschen, auch die Fischer seiner Zeit, wahrscheinlich Nichtschwimmer war, macht dies die ganze Situation noch brisanter. »Mut ist Angst, die gebetet hat!« Jesus provoziert den Petrus. Provozieren kommt von dem lateinischen »provocare«, was bedeutet »herausrufen, herausfordern«, und das ist ja die Botschaft des Jesus von Nazareth bis heute: Eine Provokation! Allem voran seine Forderung aus der Bergpredigt: »Liebt eure Feinde! Segnet, die euch verfluchen!« – eine Provokation, eine Überforderung! Denn wer kann das schon: seine Feinde lieben? – Ich kann es nicht! *Und Jesus sprach: »Komm her!«* Und Petrus stieg aus dem Boot und ging auf dem Wasser und kam auf Jesus zu. Auf den Befehl Jesu hin wagt sich Petrus über den Rand des Bootes hinaus. Er erweitert aktiv seinen Horizont. Der Theologe Paul Tillich hat einmal gesagt: »Die Grenze ist der eigentliche Ort der Erkenntnis!« Genau da befindet sich nun Petrus. Er überschreitet diese Grenze, um eine grundlegend neue Erfahrung zu machen: »Auf Wellen kann man gehen. Ich kann lernen, umzugehen mit dem, was mich beengt und mich in die Ecke drängt!«, heißt es in einem Lied. Doch Petrus wandert nicht einfach nur über den See Genezareth, sondern er hat Jesus im Blick und geht auf seinen Meister zu. Er weiß: Ohne Jesus geht es nicht. Doch dann beginnt er zu schielen wie ein Briefträger. Ein Briefträger muss ja immer zwei Dinge im Blick haben: zum einen die Hausnummer in der Straße, in der er sich gerade befindet, und mit dem anderen Auge muss er schauen, ob ihm da vielleicht irgendwo ein Hund entgegenkommt.

> *»Als er aber den Wind bemerkte, fürchtete er sich und begann zu sinken. Er schrie: Herr, rette mich!« (Mt 14,30)*

Manchmal erschrecken wir vor unserem eigenen Mut. Voller Glauben und Zuversicht machen wir uns auf den Weg: »Auf zu neuen Ufern!« Doch plötzlich werden wir uns all der Widrigkeiten, die uns umgeben und unserem Vorhaben entgegenstehen, bewusst. Wir haben durchaus auch von Gott her den Eindruck, wir sollten diesen oder jenen Weg einschlagen. Vielleicht bedeutet dieses »übers Wasser gehen«, dass ich etwas Neues ausprobiere, dass ich mich selbstständig mache, dass ich mein Leben neu ordne, und ich gehe voller Euphorie ans Werk. Doch plötzlich kommt der Moment, an dem ich nicht mehr das schöne Neue, das Faszinierende sehe, sondern vor allem die Gefahren. Wenn dann auch noch die Bedenkenträger auf der Matte stehen und auf dich einreden: »Überleg dir doch mal, was alles passieren könnte, wenn du dies oder das weiterverfolgst!«, überwiegen auf einmal »die Risiken und Nebenwirkungen«, die wir auf jedem Arznei-Beipackzettel finden, und wir erschrecken und knicken ein. – Doch dann tut Petrus etwas ganz Entscheidendes: Er rechnet trotz der Krise weiter mit Jesus. »Mut ist Angst, die gebetet hat!« *Und Petrus schrie: Herr, rette mich!* Das kürzeste Gebet, das ein Mensch sprechen, rufen, seufzen kann, ist ein Stoßgebet: »Herr, hilf!« »Und ob ich schon wanderte im finsteren Tal, fürchte ich kein Unglück; denn du bist bei mir!« Diese jahrtausendealte Zeile aus dem 23. Psalm leuchtet hier auf und wird für den sinkenden Petrus zu einer existenziellen Erfahrung. Oft, wenn ich mit anderen über das Gebet spreche, höre ich: »Ich habe damals gebetet, aber es hat gar nichts gebracht! Beten hilft doch nicht! Ihr Frommen führt da Selbstgespräche und macht euch was vor!« Diese Erfahrung kennt sicherlich jeder und jede, die an Gott glaubt. Dennoch ist es so, dass Gott unsere Gebete hört. Aber nicht jedes Gebet wird so erhört, wie wir uns das vorstellen. Wenn ich wirklich aus dem Glauben heraus leben möchte, ist es wichtig, dranzubleiben und »Gebet« nicht als etwas zu verstehen, was ich »halt mal ausprobiere«, und von dem ich mich, wenn es nicht gleich so funktioniert, wie ich es mir vorstelle, nicht sofort wieder enttäuscht zurückziehe. Ein betender Mensch lebt aus dem Glauben und sucht die Spuren Jesu in dieser Welt. Petrus hätte sich ja erstmal beschweren können – so nach dem Motto: »Na ja, also selbst dein Befehl, dein Machtwort, Jesus, konnte nicht verhindern, dass ich einbreche. Jetzt muss ich es halt doch alleine zu Ende bringen …« Nein: Er behält zumindest innerlich Jesus im Blick und ruft: »Herr, rette mich!«

»Sogleich streckte Jesus die Hand aus, ergriff ihn und sagte zu ihm: Du Kleingläubiger, warum hast du gezweifelt?« (Mt 14,31)

Jesus erhört seinen Ruf und zieht ihn wie einen begossenen Pudel aus dem Wasser. Petrus, der mit der großen Klappe, der sich schon immer etwas weiter aus dem Fenster gelehnt hat als alle anderen, hat sich mal wieder gründlich blamiert und muss sich dann auch noch als »Kleingläubiger« beschimpfen lassen. »Warum hast du gezweifelt?« »Weil der Zweifel zu unserem Glauben dazugehört!«, möchte man sofort erwidern. Die Frage ist doch die Königin der Antwort, und wer nicht zweifelt und nachfragt, bekommt auch keine (neuen) Antworten. Wenn man sich in dieser Welt umschaut, dann können einem natürlich Zweifel kommen, dann könnte man verzweifeln an dieser Welt. Es stimmt schon: Wir sind kleingläubig, und wir haben unsere Fragen und Zweifel; aber wir sind damit nicht allein, und Jesus zieht mit sich den klitschnassen Petrus ins Boot hinein …

»Und als sie ins Boot gestiegen waren, legte sich der Wind.« (Mt 14,32)

Der Sturm ist vorbei; die Wellen haben sich gelegt. Petrus hat sich im Vertrauen auf Jesus hinausgewagt und die Erfahrung gemacht: »Es geht. Ich kann lernen, mit dem, was mir Angst macht, umzugehen. Ich werde dabei immer wieder einbrechen. Ich werde Angst haben, zu versinken; aber ich weiß, dass ich nicht alleine bin.« Christsein bedeutet: Jesus im Blick zu behalten – auch und gerade mitten im Sturm. Christsein bedeutet: Jesus nachzufolgen und sich von ihm immer wieder herausfordern zu lassen. Weiterhin bedeutet Christsein: betend mit ihm auch und gerade mitten im Sturm zu rechnen und betend zu leben.

Die aber im Boot waren, fielen über Petrus her und machten sich lustig über dieses Großmaul: »Das war doch klar, dass das in die Hose gehen musste!« Schadenfreude machte sich breit. Die, die im Boot geblieben sind, die eben nicht bereit waren, sich über den Bootsrand hinauszuwagen, sind diejenigen, die, wenn es funktioniert hat, sich gerne mit ins Rampenlicht stellen und einem auf die Schulter klopfen. Wenn es aber nicht funktioniert hat, stehen wir alleine im Regen. *»Die aber im Boot waren, fielen über Petrus her.«* Steht das da? Nein! Das wäre zwar eine schäbige, aber doch allzu menschliche Reaktion. In Wirklichkeit steht da:

»Die Jünger im Boot aber fielen vor ihm nieder und sagten: Wahrhaftig, du bist Gottes Sohn!« (Mt 14,33)

Auf der Grenze will ich stehen –
mittendrin im Horizont,
in Gedanken dorthin gehen,
wo die Morgensonne wohnt.
Mit den Beinen will ich stehen,
fest bei dir im »Jetzt und Hier«,
doch mein Herz muss weitersehen,
weil ich sonst den Traum verlier.

Auf der Grenze will ich warten
und will nicht zufrieden sein;
denn ich warte, um zu starten
in fremdes Terrain hinein;
warte, um beherzt zu springen
über meinen Schattenrand,
und um kraftvoll vorzudringen
in ein unbekanntes Land.

Auf der Grenze will ich singen
von dir: Gott, und von dir: Welt,
Lieder, die nach außen dringen,
Lieder meiner Innenwelt.
Zwischen Angst und zwischen Mut,
zwischen Tod und zwischen Leben,
singe ich aus Trost und Wut,
sing ich auf der Grenze eben.

Auf der Grenze will ich glauben,
weil ich dort die Andern seh,
die vielleicht was Andres glauben.
Ich will lernen zu verstehn,
dass die Liebe Gründe findet,
über Grenzen wegzusehn,
dass sie Mauern überwindet,
wo wir Stacheldrähte ziehn.

Letzte Worte

Die letzten Worte eines Menschen können sehr bedeutsam, sie können aber auch belastend und für das weitere Leben der Hinterbliebenen prägend sein. Ein Testament ist in jedem Fall ein letztes Machtwort. Unzählige Familiendramen haben sich nach der Eröffnung eines Testaments zugetragen. Da tun sich dann wahre Gräben auf. Alte Animositäten und Feindschaften brechen auf. Jahrzehnte zurückliegende Verletzungen brechen sich Bahn; Familien und Verwandtschaften brechen auseinander beim Streit um das Erbe, um Besitz und um das liebe Geld. Der Mann war im Krieg gefallen, der älteste Sohn ebenfalls. Die Witwe wollte, dass der Bauernhof erhalten bleibt. Also vermachte sie noch zu Lebzeiten den landwirtschaftlichen Betrieb ihrem jüngsten Sohn. Dies geschah jedoch »unter der Hand« und wurde niemals thematisiert. In ihrem Testament teilte die Mutter ihr spärliches Barvermögen unter den restlichen vier Kindern auf. In einem Nebensatz wurde erwähnt, dass »der Hof« an den jüngsten Sohn schon vor längerer Zeit überschrieben worden sei. Da war was los! Die anderen Hinterbliebenen fühlten sich hintergangen und letztendlich um ihr Erbe betrogen. Die Familie zerstritt sich unter diesem Erbstreit weit über den Tod der Betroffenen hinaus. Es ist gut und heilsam, wenn Eltern oder Großeltern dieses Thema früh anpacken und alles so klären, dass alle zufrieden sind und sich niemand hintergangen fühlt. Oft ist es klug, schon zu Lebzeiten so viel wie möglich an die nächste Generation genau dann weiterzugeben, wenn sie es dringend braucht.

Ein treusorgender Ehemann hatte die letzten zehn Jahre damit verbracht, seine schwerkranke, bettlägerige Ehefrau hingebungsvoll zu pflegen. Selten hatte er sich selbst etwas gegönnt oder war mal alleine oder mit Freunden ausgegangen. Freunde gab es sowieso kaum noch. Wer wollte schon den Abend mit solch einem Paar verbringen? Und so stand er Jahr für Jahr treu an ihrer Seite. Die letzten Worte, die seine Frau allerdings im Sterbedelirium rief, waren nicht etwa an ihn gerichtet, waren nicht etwa Worte des Dankes oder der Liebe, sondern sie rief nach einem »Peter«, einem anderen Mann, den sie etwa 15 Jahre zuvor mal bei einer Kur kennengelernt hatte. Eine kurze Affäre, dachte der Ehemann, um nun festzustellen, dass ihre letzten Gedanken sich sehnsuchtsvoll nach dieser scheinbar doch nicht nur flüchtigen Bekanntschaft ausstreckten. Die letzten zehn Jahre bekamen nun einen schalen Beigeschmack und zerschossen ihm das Bild eines »in guten wie in schlechten Tagen« zusammenstehenden Paares.

Ein befreundeter, hochbegabter Pianist musste seinem tiefgläubigen Vater an dessen Sterbebett versprechen, dass er niemals Tanz- oder Unterhaltungsmusik (sprich Schlager und kommerzielle Popmusik) spielen würde. Dieses Versprechen hat ihn lange umgetrieben und so manches für den Lebensunterhalt wichtige Engagement verhindert. Bis er sich eines Tages (und trotz allem mit einem schlechten Gewissen) lossagte von diesem letzten Wunsch seines Vaters und unter einem Pseudonym auch im kommerziellen Schlagerbereich tätig wurde.

Mächtige »letzte Worte« sind aber sicher auch die, die nicht gesagt wurden oder nicht mehr gesagt werden konnten. In so manchem Trauergespräch habe ich den Satz gehört: »Wir konnten uns gar nicht richtig verabschieden; dabei hätte ich gerne noch so viel gesagt und besprochen.«

Die letzten Worte Jesu am Kreuz

Am Karfreitag wird in vielen Kirchen um die Mittagszeit eine Andacht gehalten, bei der, wie in dem Buch *Dieses Kreuz* (Berger/Bittlinger 2018) beschrieben, die sieben letzten Worte Jesu am Kreuz in folgender Reihenfolge meditiert werden:

»Vater, in deine Hände lege ich meinen Geist.« (Lk 23,46)

Dieses letzte Wort Jesu erinnert an ein Abendgebet. Jesus war ein gläubiger Jude. Der Zeitpunkt für das Maariv (Abendgebet) ist anders als das Morgen- und das Mittagsgebet zeitlich (nach Einbruch der Dunkelheit) mehr oder weniger frei wählbar. Wenn man bedenkt, dass nach jüdischer Vorstellung der neue Tag mit dem Einbruch der Dunkelheit beginnt, ist das Maariv eigentlich das erste der drei zu betenden Tagesgebete.

Wir legen unseren Geist in Gottes Hände, und wir hoffen und vertrauen darauf, dass er uns, wenn die Sonne wieder aufgeht, mit ihrem Erscheinen auch wieder auferweckt.

Das Leben ist ein Geschenk aus der Hand Gottes. Somit könnte man auch das erste der sieben Worte Jesu am Kreuz als einen ersten Hinweis auf dessen Auferweckung deuten. In jedem Fall möchte es uns daran erinnern, dankbar zu sein für das, was wir haben und erleben dürfen.

»Vater, vergib ihnen; denn sie wissen nicht, was sie tun!« (Lk 23,34)

Mit ausgebreiteten Armen bittet Jesus für seine Peiniger. Er steht bis zum Ende zu seinen eigenen Worten: »Liebt eure Feinde, segnet, die euch verfluchen, tut Gutes denen, die euch hassen!« (vgl. Bergpredigt, Mt 5,3–12) Mit diesem Jesus am Kreuz hat die Liebe Gottes unter uns Wohnung genommen. Eine Liebe, die viel weiter geht als das, was wir als Liebe bezeichnen. Eine Liebe, die aus dem unendlichen Liebesreservoir des Schöpfers schöpfen kann, und die deshalb in der Lage ist, einseitig abzurüsten und selbst im Angesicht der Todfeinde um Vergebung zu ringen. Vergebung – darum geht es: Ohne Vergebung können wir nicht leben. Ohne Vergebung funktionieren keine Ehe, keine Gemeinde und kein Zusammenleben. Vergebung ist der Schlüssel zu einem befreiten Leben. Vergebung ist die helle Kerze inmitten der Dunkelheit des Hasses und unseres eigenen Stolzes. Ein Paartherapeut riet einem sich ständig streitenden Paar, das aber dennoch zusammenbleiben wollte: »Wenn eine(r) von ihnen beiden die Versöhnung wünscht und nicht mehr streiten möchte, dann soll er oder sie doch die Kerze, die immer auf dem Buffet steht, anzünden und so signalisieren: Ich wünsche mir Versöhnung!«

»Frau, da ist dein Sohn ... Da ist deine Mutter« (Joh 19,26–27)

Von dem Mann am Kreuz her werden die Beziehungen neu definiert. Jesus hat all jene im Blick, die mit ihm unterwegs sind. Das sind seine Geschwister, und er weiß, dass manch einer »Vater und Mutter verlassen wird«, um ihm nachzufolgen. Die Tatsache, dass ein junger Mann erst noch seinen Vater beerdigen möchte, bevor er bereit ist, Jesus nachzufolgen, kommentiert er hart: »Lass die Toten ihre Toten begraben!« Dass Jesus eine neue Vision von Familie hat, wird spätestens am Kreuz von Golgatha sichtbar, wo er auf seine Mutter Maria deutet und zu seinem Jünger Johannes sagt: »Schau, das ist nun künftig deine Mutter!«, und an Maria gewandt, auf Johannes deutend: »Schau, das ist nun künftig dein Sohn!« Familie ist Jesus nicht einfach egal, aber die Blutsbande stehen nicht über den Seelenverwandten. Hier entsteht Gemeinde Jesu in einer tiefen Verbindlichkeit.

»Amen, ich sage dir: Heute noch wirst du mit mir im Paradies sein.« (Lk 23,43)

In der katholischen Kirche werden immer wieder herausragende geistlich prägende Persönlichkeiten selig-, mitunter auch heiliggesprochen. Der erste Mensch, der »selig«-gesprochen wurde – und zwar von Jesus persönlich –, war jedoch ein Verbrecher, nämlich einer von den beiden, die mit ihm gekreuzigt wurden. Ihm rief Jesus zu: »Wahrlich, ich sage dir: Heute noch wirst du mit mir im Paradies sein!« Noch im Sterben tröstet Jesus einen, der mit und neben ihm gekreuzigt wird.

Eine Frau, Anfang fünfzig, hatte Krebs im Endstadium und war auf einer Palliativstation untergebracht. In den letzten Tagen vor ihrem Sterben kamen noch einmal alle Freunde und Verwandten vorbei, um Abschied zu nehmen und sie zu trösten. Doch sie machte ganz klar: »Ich brauche keinen Trost. Ich fühle mich gehalten, und ich freue mich auf die ›Zeit des Lichts‹ (wie sie es nannte).« Viele von uns, die sie besuchten, gingen selbst getröstet und mit größerer Zuversicht weg von diesem Sterbebett. Was für eine starke Vision, was für ein Mut machender Glaube, der andere mitzieht und mit hineinnimmt in einen Weg voller Zuversicht und Licht!

»Ich habe Durst!« (Joh 19,28)

Jesus war Mensch. Und er starb als Mensch an diesem Kreuz. Kein Gott oder Halbgott, der hier nur einen Scheintod stirbt, sondern einer, der Durst hat, und das auch äußert. Ein sehr reduziertes, letztes Jesuswort. Kein großes Wort, kein letzter Appell, sondern einfach ein grundmenschliches Bedürfnis: Durst! Es ermutigt mich, meine Bedürfnisse ernst zu nehmen, meinen Durst nach Leben, nach Beziehungen und Anerkennung zu formulieren. Viele Beziehungen gehen doch deshalb auseinander, weil wir es nicht gelernt haben, einander die einfachsten Grundbedürfnisse mitzuteilen. »Ich habe Durst!« – »Ich möchte, dass du mich wahrnimmst!« – »Ich möchte, gerade auch in schwierigen Situationen, den Freiraum haben, zu sagen, wie ich mich fühle, und was mir fehlt!« Insofern ist dieses letzte Wort Jesu vielleicht sogar ein ganz großes und menschliches Wort, das mir hilft, zu mir und zu meinen Bedürfnissen zu stehen.

»Mein Gott, warum hast du mich verlassen?« (Mk 15,34)

Was für ein Schmerz! Jesus durchlebt und -leidet die Gottesferne. »Wenn es einen Gott gibt, warum lässt er dann all das zu?« Das ist eine der – seither und auch in unserer Zeit – wohl am häufigsten gestellten Fragen, und die Antwort ist und bleibt eigentlich immer dieselbe: »Weil er den Menschen, den er als sein Gegenüber geschaffen hat, riskiert!« Und hier ist eindeutig der Mensch am Werk. Es sind Menschen, die Jesus ans Kreuz nageln. Es sind Menschen, die dem Hass und der Gottesferne Raum geben. Jesus ist von allen guten Geistern verlassen. Er fühlt sich von den Menschen verraten und verkauft. Und trotzdem hält er an Gott, seinem Vater, fest und ruft ihm, dem scheinbar Fernen, zu:

»Warum hast du mich (auch noch) verlassen?« Auch das gehört zu unserem Glauben dazu, dass wir, »wenn wir denken, wir vergehen«, an Gott festhalten und vor ihm auch unsere Klage und unsere Verzweiflung ausbreiten.

»Es ist vollbracht!« (Joh 19,30)

Uff! Ein großer Seufzer. Aber man fragt sich: WAS ist vollbracht? Was ist geschehen, worauf man stolz blicken könnte? So wie das erste der sieben letzten Worte Jesu am Kreuz lüftet auch dieses letzte ein klein wenig den geheimnisvollen Schleier, der über dem Kreuz von Golgatha liegt. Es deutet an: Hier wurde etwas vollendet, was notwendig war, und dessen Auswirkungen man erst viel später sehen und erkennen wird. Es ist ein letztes Wort, das diejenigen aufhorchen lässt, die die Verkündigung Jesu kennen, und die wissen, dass er oft in Rätseln von einem Reich Gottes gesprochen hat, von dem man weder sagen könne, »es sei hier oder dort, sondern es ist inwendig in euch« (vgl. Lk 17,21). Es ist wieder ganz der Mensch Jesus, der hier zu Wort kommt. Jesus hat spätestens im Garten Gethsemane begriffen, dass dieser Kelch nicht an ihm vorübergehen wird, und dass er schmerzvolle Stunden vor sich haben würde, deren Sinn er wahrscheinlich nur sehr fragmentarisch verstehen könnte. Und nun hatte er es geschafft! Wie ein Marathonläufer hat er die Strecke hinter sich gebracht und kann nun aufatmen: Es ist geschafft! Alles Weitere, was nun geschieht, liegt nicht mehr in seiner Hand: Hier schließt sich wieder der Kreis, und man meint, in diesem letzten Seufzer das Abendgebet zu vernehmen: »In deine Hände lege ich meinen Geist!«

> *»Wenn die Raupen wüssten, was sie einmal sein werden, wenn sie erst Schmetterlinge sind – sie würden ganz anders leben.«*
>
> (Heinrich Böll)

Der Segen

»An Gottes Segen ist alles gelegen!«, liest man mitunter als Inschrift an alten Bauernhäusern. Unsere Vorfahren – vor allem, wenn sie in der Landwirtschaft tätig waren – wussten noch von der Bedeutung des Segens.

Einen Bayern erkennt man daran, dass er einen mit einem lautstarken »Grüß Gott« begrüßt und damit, auch wenn er oder sie ansonsten vielleicht nicht an Gott glaubt, unbewusst einen Segen gesprochen hat. Und wenn wir zum Abschied »Adieu« oder »Ade« sagen, dann wünschen wir einander den Segen Gottes, und zwar durch das ursprünglich lateinische *ad deum* (Ich empfehle dich der Gegenwart Gottes an). Immer wieder geschieht es, dass die Kirche gebeten wird, Gegenstände und Fahrzeuge zu segnen. Dabei haben jene, die das wünschen, wohl oft eine Art magisches Verständnis von Segen. Einem Feuerwehrauto oder einem Krankenwagen »die besten Wünsche« und Gottes Segen mit auf den Weg zu geben, mag ja noch angehen. Problematisch wird es meines Erachtens, wenn die Vertreter der Kirchen sich hinstellen und Waffen segnen. Im Ukraine-Konflikt ist genau das wieder geschehen: Auf beiden Seiten wurden die Waffen von den höchsten Vertretern der orthodoxen Kirche gesegnet. Mal abgesehen davon, dass von Waffen, mit denen man andere tötet, kein Segen ausgeht, versetze man sich doch bitte mal in die Lage des lieben Gottes: Welcher Segen soll denn nun gelten und wirken: der von der russisch orthodoxen Kirche oder der von der ukrainisch orthodoxen Kirche?

Schon gleich in der Schöpfungsgeschichte (Gen 1,28) begegnet uns der erste Segen: Gott segnet den Menschen; er segnet Mann und Frau, die er zu seinem Ebenbild geschaffen hat. »Adam« ist, wie bereits erwähnt, das hebräische Wort für »Mensch«, und »Eva« steht für »Leben« . Somit gilt dieser erste Segen im umfassenden Sinn der gesamten Menschheit: Es ist ein universeller Segen. »Ich will dich segnen, und du sollst ein Segen sein!« (Gen 12,2) Dieser Zuspruch an Abraham ist verbunden mit einer unglaublichen Verheißung, die in die Entstehung des Volkes Israels mündet.

Eine ganz zentrale Rolle spielt der Segen in der alttestamentlichen Erzählung von Jakob und Esau. Jakob erschleicht sich mit Hilfe seiner Mutter Rebekka den Segen des Erstgeborenen von seinem Vater Isaak. Der Segen des Erstgeborenen verleiht diesem die vorrangigen Erbrechte und war deshalb von existenzieller Bedeutung. Er war ein echtes Machtwort; denn er bewirkte und bestätigte die Stellung des erstgeborenen Sohnes. Auch ein fälschlich gegebener Erstsegen, so der Glaube, wirkte und übertrug seine Macht auch auf einen Betrüger. Davon berichtet zumindest diese Geschichte. Aus diesem Grund war der um sein Erstlingsrecht (Gen 25,29–34) und den väterlichen Segen betrogene Bruder Esau so sauer, dass er seinen Bruder Jakob umbringen wollte (Gen 27,1–45). Deshalb floh Jakob. Auf seinem Weg von Beerscheba nach Haran kam er gegen Abend an einen Ort, der ihm für die Nacht geeignet schien (Gen 28,10–22). Er legte sich, gewissermaßen als Kopfstütze, einen Stein unter seinen Kopf und schlief ein. Kaum war er eingeschlafen, begann er auch schon zu träumen. Er sah eine riesige, breite Treppe, die von dem Ort, an dem er sein Nachtlager aufgeschlagen hatte, bis in den Himmel führte. Und auf dieser Treppe herrschte ein reges Treiben: Engel, wohin das Auge sah! Einige stiegen die Treppe hinauf, und andere kamen von oben herunter auf die Erde. In meinem Buch *Behütet & beflügelt – wie Engel uns begegnen* (2020) habe ich diesen stetigen Fluss von aufsteigenden und herabsteigenden Engeln als einen Energieaustausch gedeutet: Die negative Energie, der Fluch, der auf Jakob lastete, wurde verwandelt in positive Energie. Der Fluch wurde in Segen umgewandelt, der schließlich in jene große Verheißung mündete, die Jakob zu einem der Urväter des Volkes Israel werden ließ.

Ein Fluch wurde (z. B. in vielen Märchen) auch als ein Machtwort verstanden, mit dem man einen Menschen gewissermaßen mit einem negativen Bann belegen konnte. Jesus stellt den Segen über den Fluch und empfiehlt seinen Jüngern: »Segnet jene, die euch verfluchen!« (Lk 6,28) *»If they go low, we go high!«*, sagt ein englisches Sprichwort. Begegne jemandem, der dir negativ begegnet, positiv, so wirst du sie oder ihn langfristig entwaffnen und dich selbst nicht negativ belasten.

»Und der Friede Gottes, der höher ist als alle Vernunft, bewahre unsere Herzen und Sinne durch Jesus Christus, unseren Herrn!« Diesen Segen aus dem Philipperbrief (4,7) spreche ich nach jedem Konzert und nach jeder Predigt im Gottesdienst. Manche Kolleginnen und Kollegen fügen noch hinzu: »(… als alle) *menschliche* Vernunft.« Das ist zwar vielleicht gut gemeint, aber im Grunde zu viel des Guten; denn der Begriff »Vernunft« wird in den biblischen Texten allein dem Menschen und niemals Gott zugeschrieben.

Eine der wesentlichen Bedeutungen des Segens- und Friedenswortes Schalom ist: Vervollständigung! Wenn wir uns also grüßen und segnen mit »Schalom«, dann wünschen wir einander, dass das, was uns in unserem Leben fehlt, noch hinzukommen möge. Und so möchte ich dieses Buch schließen mit einem Segenstext:

Vollständig

Und allen, die gerne tiefer graben,
den Dingen jeweils auf den Grund gehen,
und die tiefgründig alles ergründen wollen,
wünsche ich die Leichtigkeit
und göttliche Heiterkeit
in der Erkenntnis,
dass der Frieden Gottes
höher reicht
als all unser Denken
und all unsere Vernunft.
Schalom und Salam –
dem göttlichen Frieden
ist nichts zu hoch
und nichts zu tief,
und er vervollständigt
unser Leben.
Amen!

Dank

Ein herzliches »Danke« möchte ich denen sagen, die mir bei der Fertigstellung dieses Buches geholfen haben: Dr. Johanna Oehler und Dr. Dennis Stammer vom Herder-Verlag und Franz Herb für seine akribische Durchsicht des Manuskripts.

Literatur

Eric Berne, *Spiele der Erwachsenen*, Reinbek 1967.

Siegfried Bernfeld, *Sisyphos oder die Grenzen der Erziehung*, Frankfurt am Main 1967.

Clemens Bittlinger, *Behütet & beflügelt – wie Engel uns begegnen*, Moers 2020.

Rudolf Bohren, *Predigtlehre*, München 1980.

Jens Corssen, *Der Selbst-Entwickler*, Wiesbaden 2004.

Robert Dilts, *Die Magie der Sprache*, Paderborn 2001.

Thomas A. Harris, *Ich bin o. k., Du bist o. k.*, Reinbek 1975.

Dieter Korp, *Jetzt helfe ich mir selbst*, Stuttgart 1972.

Rainer Schmidt, *Immer richtig miteinander reden*, Paderborn 1998.

Friedemann Schulz von Thun, *Miteinander reden.* Bd. 1, Hamburg 1981.

Paul Watzlawick, *Anleitung zum Unglücklichsein*, München 1983.

Anmerkungen

1 »Murat Kurnaz«, in: Wikipedia – Die freie Enzyklopädie. https://de.wikipedia.org/w/index.php?title=Murat_Kurnaz&oldid=222592423 (Stand 27.05.2022).
2 Winfried Sträter, Neues Rechtsdenken in der Welt. Urteile im Nürnberger Prozess 1946, https://www.deutschlandfunkkultur.de/urteile-im-nuernberger-prozess-1946-neues-rechtsdenken-in-100.html (Stand: 27.05.2022).
3 Der Name wurde zum Schutze der Persönlichkeit frei erfunden.
4 Die Adresse wurde zum Schutze der Persönlichkeit frei erfunden.
5 Sarah Fluchs, Wie Kriege die Umwelt schädigen, https://www.guetsel.de/content/38302/9477887.html (Stand: 27.05.2022).
6 Wolodymyr Selenskyjs Rede vor dem Bundestag im Wortlaut, https://www.zeit.de/politik/ausland/2022-03/wolodymyr-selenskyj-rede-bundestag-ukraine (Stand 27.05.2022).
7 Noah Friedman; Natasha Bertrand, Wladimir Putin könnte einer der reichsten Menschen der Welt sein – laut einem Journalisten, der vier Jahre in Russland verbracht hat, https://www.businessinsider.de/wirtschaft/wladimir-putin-insgeheim-ist-er-einer-der-reichsten-menschen-der-welt-c/ (Stand: 27.05.2022).
8 Georg Danzer, Die Freiheit (1979).
9 Evangelische Kirche in Deutschland (EKD), Ökumenisches Friedensgebet in Dresdner Frauenkirche, https://www.ekd.de/oekumenisches-friedensgebet-in-dresdner-frauenkirche-71654.htm (Stand 27.05.2022).
10 Videoclip bei Youtube: https://youtu.be/YIrV0GYBmUI (Stand: 18.07.2022).
11 Rüdiger Schaper, Warum uns dieses Bild nicht loslässt, https://www.tagesspiegel.de/themen/reportage/die-not-der-fluechtlinge-warum-uns-dieses-bild-nicht-loslaesst/12275866.html (Stand: 30.05.2022).
12 Sigmund Freud, Studienausgabe Bd. 1: Vorlesungen zur Einführung in die Psychoanalyse und neue Folge der Vorlesungen zur Einführung in die Psychoanalyse. 2. Teil: Die Fehlleistungen, April 1982, S. 43.
13 Nils Minkmar, Die Einsamkeit der Querdenker, https://www.sueddeutsche.de/kultur/populismus-querdenker-gelbwesten-kapitol-politik-wer-sind-querdenker-1.5361703 (Stand 30.05.2022).

Über den Autor

© Erika Hemmerich

Clemens Bittlinger, geb. 1959, ist Pfarrer und Buchautor, vor allem aber eines: Liedermacher. Über 4.000 Konzerte in den vergangenen vier Jahrzehnten, 38 veröffentlichte CDs mit einer Gesamtauflage von rund 400.000 verkauften Exemplaren machen diesen preisgekrönten Singer-Songwriter zu einem der erfolgreichsten Interpreten seines Genres. Längst haben einige seiner Lieder in zum Teil millionenfacher Auflage den Weg ins allgemeine Liedgut der Kirchengemeinden gefunden. Clemens Bittlinger ist verheiratet, hat zwei erwachsene Söhne und lebt im Odenwald.